ERB-GERICHTE

VOM ESSEN UND TRINKEN IM SÄCHSISCH–BÖHMISCHEN ERZGEBIRGE

EINE GENUSSREICHE KULTURGESCHICHTE MIT VIELEN REZEPTEN

Barbara Klepsch, Oberbürgermeisterin der Stadt Annaberg-Buchholz

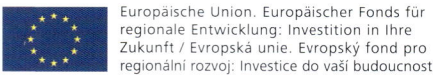

Europäische Union. Europäischer Fonds für
regionale Entwicklung: Investition in Ihre
Zukunft / Evropská unie. Evropský fond pro
regionální rozvoj: Investice do vaší budoucnosti.

»Am besten schmeckt's drham !« Mit dieser Feststellung drücken wir Erzgebirger unsere Vorliebe für Speisen aus, die uns Eltern und Großeltern auf den Tisch gestellt haben. Was gab es eigentlich für typische Gerichte in unserer Region? Wie wurden sie zubereitet und wie sah die Esskultur in den verschiedenen gesellschaftlichen Schichten aus? Kann man diese Gerichte wiederbeleben?

Auf diese Fragen liefert das Buch »ERB-GERICHTE« fundierte Antworten. Erstmals liegt damit ein umfassendes Werk zur Ess- und Trinkkultur des sächsisch-böhmischen Erzgebirges vor.

Eine Idee ist zur Wirklichkeit geworden. Zwar gibt es bereits Kochbücher mit regionalem Bezug. Nie ist es bisher jedoch gelungen, die Geschichte in diesem interessanten und kulturhistorisch wichtigen Bereich in dieser Weise aufzuarbeiten.

Der Autor, Prof. Gotthard B. Schicker, hat auf über 250 Seiten wesentliche Daten und Fakten gesammelt und aufgearbeitet.

Ich bin sehr dankbar, dass es durch die Mitwirkung vieler Partner diesseits und jenseits der Grenze gelungen ist, ein solches Kompendium zusammenzustellen. Beispielhaft nenne ich die Wirtschaftsförderung des Erzgebirgskreises, die Sächsische Aufbaubank, die Kochschule Nejdek, den Tourismusverband Erzgebirge sowie deutsche und tschechische Gastronomen.

Aus der Studie »Erzgebirge/ Krušnohorí kulinarisch erleben« entstand ein Buch, das nicht nur für Gastronomen und Kulturhistoriker eine Fundgrube darstellt. Wissenschaftlich akribisch, dennoch populär macht es uns die kulinarische Geschichte unseres Erzgebirges im wahrsten Sinne des Wortes und in sehr ansprechenden Bildern schmackhaft.

Ich lade Sie ein, typisch erzgebirgische Speisen ganz authentisch zu kreieren, historische Rezepte auszuprobieren und die »Genussregion Erzgebirge« auf dem Gaumen zu erleben.

B. Klepsch

Barbara Klepsch
Oberbürgermeisterin der Stadt Annaberg-Buchholz

Grenzüberschreitende Genussregion Erzgebirge

SCHÜLER UND LEHRER DER FACH- UND BERUFSSCHULE NEJDEK SIND WICHTIGE PROJEKTPARTNER BEI DER ZUSAMMENARBEIT IM TSCHECHISCH-DEUTSCHEN GRENZRAUM DES KARLSBADER KREISES.

Beim Überprüfen und Wiederbeleben unserer traditionellen erzgebirgischen Rezepte wurde in einem zweijährigen Erfahrungsaustausch unter den Fachlehrern und Schülern der gastronomischen Fachrichtung beider Schulen in Nejdek und in Annaberg, in Böhmen und in Sachsen, die Fachkompetenzen verbessert. In unserer Lehrpraxis haben wir mit den Schülern die Rezepte nach der Wissenschaftsstudie vom Annaberger Prof. Gotthard B. Schicker im Rahmen des grenzübergreifenden Projekts »Erzgebirge/ Krušnohoří kulinarisch erleben« erprobt. In der Studie von Prof. Schicker ist der vereinigende Gedanke der grenzübergreifenden Zusammenarbeit in der Gastronomie übersichtlich dargestellt, konkretisiert und mit überprüften Rezepten ergänzt. Nach allen gewonnenen Erfahrungen haben wir die Übernahme einiger traditioneller und erprobter Rezepte gewagt, für jeden,

der sie selbst ausprobieren möchte, sich an die Urlaubsmomente im Erzgebirge erinnert oder wieder in sein Lieblingsrestaurant wegen der ungewöhnlichen und einmaligen Atmosphäre erinnert werden möchte.

Beim Durchlesen der kulturgeschichtlichen Studie werden wir daran erinnert, wie man einst im Erzgebirge gelebt und gekocht hatte. Wegen bescheidener Einkünfte und Lebensbedingungen der Vorfahren hat man zur Nahrungszubereitung eher preiswerte und leicht erhältliche Nahrungsquellen im Haushalt genutzt, ohne dass man deswegen generell von einer »Armenküche« sprechen kann. Es werden natürlich und überwiegend frische Zutaten, oft Blütenteile der Blumen oder Kräuter verwendet. Es wurde zwar sparsam aber gut gekocht.

Einige Rezepte wurden mit Hilfe von Fachlehrern und dem Autor für die Bedürfnissen in heutigen Haushaltungen oder der

Gastronomie modifiziert. Ich will aber auch daran erinnern, dass die Studie für all jene einen nützlichen Beitrag leistet, die das Kochen nicht für eine unangenehme Pflicht ansehen.

Interessant ist, dass gute Speisen die Nationen nicht trennen, sondern gute Gastronomie eher als vereinigendes Bindeglied wirkt. Grenzen sind für die Gastronomie als vollkommen zwecklos. Die Idee und Ausarbeitung des Gedankens und der alten Weisheit, dass für uns die regionale Küche verbindend ist und wir alle, ob ein Tscheche, ein Deutscher, ein Franzose oder ein Engländer durchaus Gourmets sind, bildet eine tragende, zwischen den Zeilen verborgene Idee.

Dieses traditionelle Kochbuch »Erb-Gerichte« und die vielen Rezepte basieren auf Einfachheit, dem feinen Geschmack und den gesunden Gewohnheiten für alle Konsumenten in unseren beiden Ländern. Es werden allerdings nicht nur einfache Rezepte, sondern auch solche für festliche Augenblicke und für reichhaltigere Tafeln vorgestellt. Eine gemeinsame Linie bildet dabei die Freude an gutem Essen und die Idee des Zusammenseins mit den Gästen.

Ich möchte mich bei meinen Kollegen und Fachlehrern beider Schulen in Annaberg-Buchholz und in Nejdek sowie Karlovy Vary - Stará Role bedanken. Ich danke zugleich auch der sprachlichen Unterstützung des Kollegen Petr Svatoň, der unermüdlich, systematisch und ausdauernd das Projekt als umsichtiger Dolmetscher und Übersetzer bis zu diesem vorliegenden Buchergebnis begleitet hat.

Mgr. Josef Dvořáček

Schuldirektor der Fach- und Berufsschule Nejdek (SOŠ a SOU Nejdek), Tschechische Republik

VORWORT

Aus den Rezepten unserer Vorfahren haben wir Geschmäcker, Gerüche und Speisenkombinationen geerbt. Aus manchen davon sind Erb-Gerichte geworden, die alle Zeiten überdauert haben. Viele, zu viele wurden im Laufe der Jahrhunderte vergessen. Sich auf sie wieder zu besinnen, sie unseren heutigen Geschmacksnerven anzupassen, sich mit ihnen zu identifizieren und sie als Besonderheiten unserer Erzgebirgs-Region diesseits und jenseits des Kammes auch anderen schmackhaft zu machen, ist ein Anliegen dieses Buches.

Dazu wurden viele historische Quellen, Chroniken, Dokumente aus Archiven, alte Kochbücher und unzählige Rezepte gesichtet und ausgewertet. Mit Zeitzeugen, Gastronomen und Gästen auf beiden Seiten der böhmisch-sächsischen Kammregion wurden Gespräche geführt. Landgasthöfe und regionaltypische Gasthäuser sind besucht und zahlreiche Speisekarten analysiert worden, um den aktuellen Stand unserer erzgebirgischen Küche zu ermitteln. Zu sächsischen und böhmischen Kochschulen sind Kontakte aufgenommen und historische Rezepte nachgekocht, adaptiert und verkostet worden. Eine Sammlung von Liedern, Gedichten, Sprüchen und Erzählungen über das Essen und Trinken im Erzgebirge ist dabei ebenfalls entstanden. Von den zahlreichen wiederentdeckten Erb-Gerichten unserer Vorfahren sind die meisten auf den folgenden Seiten veröffentlicht, auf dass der Geschmack unserer Heimat wieder verstärkt in unseren Küchen Einzug halten, für nachkommende Generationen wiederum als deren Erb-Gerichte erhalten bleiben und von einer genussreichen regionaltypischen Erzgebirgsküche weithin künden möge.

Gotthard B. Schicker

Inhalt

ERB-GERICHTE

Das Erzgebirge – grenzenlose Genussregion

Aus der über 500-jährigen
Kulturgeschichte der Gastronomie
im sächsisch-böhmischen Erzgebirge

Wie alle regionalen Küchen unseres Landes, haben sich auch die Ess- und Trinkgewohnheiten auf beiden Seiten des Erzgebirgskammes über die Jahrhunderte durch Einflüsse aus verschiedenen anderen Regionen und deren Küchen herausgebildet. Durch die Besiedlung des Erzgebirges haben Einflüsse sowohl von Westen und Südwesten (Franken, Thüringen, Bayern) als auch von Osten und Südosten (Böhmen, Österreich-Ungarn) stattgefunden. Mit dem 1. Berggeschrey im 13. Jahrhundert sind sowohl fränkische als auch slawisch-böhmische Einflüsse nachweisbar.

Erst mit dem so genannten 2. Berggeschrey im 16. Jahrhundert und der damit einhergehenden planmäßigen Besiedlung des oberen Erzgebirges sowie mit der Errichtung von Bergstädten ist eine differenzierte und ausgeprägte Küchenkultur festzustellen und zu belegen, die zwar noch immer westlichen und östlichen Einflüssen unterliegt, sich aber z.B. in der Bergmannsküche/auch Küche der Zünfte oder in der Bauernküche, in relativ eigenständige Richtungen bewegt, während die Küche der Patrizier, des Adels etwa bis Mitte des 18. Jahrhunderts auch von den italienischen und französischen Küchen, wie sie am Dresdner Hofe vorherrschten, bzw. von anderen internationalen Küchen (die u.a. durch die Leipziger Messe auch in unsere Region kamen) beeinflusst wurde. Somit kann mit der Gründung der Bergstädte im Erzgebirge auch der Beginn einer relativ eigenständigen regionalen Küchentradition festgestellt werden.

Die Wanderungsbewegungen großer Volksgruppen (militärisch und zivil), wie z.B. Kriege, Aussiedlungen, nahmen ebenfalls Einfluss auf die Küchenkultur unserer Region.

Einen besonderen Stellenwert nimmt dabei die Aus- und Umsiedlungswelle nach dem Zweiten Weltkrieg sowie die dadurch verursachte Zuwanderung aus dem böhmischen Erzgebirge (so genanntes Sudetenland) ein.

Waren schon vor dieser Zuwanderung aus dem Böhmischen Raum des Erzgebirges vereinzelt typische Rezepte aus dieser Region im sächsischen Gebiet des Erzgebirges bekannt und Bestandteile der hiesigen Küche, so kam es ab 1945/46 zu einer verstärkten Bereicherung sowohl der Privathaushalte als auch in den Gaststätten hinsichtlich der Aufnahme und Verbreitung böhmisch-erzgebirgischer Rezepte, unter denen die Knödel-Varianten sowie die süßen Mehlspeisen (aus der k.u.k.-Küchentradition) dominierten.

Mit dem kurz darauf erfolgten »3. Berggeschrei«, der Ansiedlung der Bergleute der WISMUT AG, kamen Einflüsse aus anderen Regionen Deutschlands auch verstärkt in die sich entwickelnde Küchenkultur des Erzgebirges, die sich aber kaum durchsetzen konnten. Kurzzeitig gab es Versuche, auch Speisen aus Küchen der Sowjetunion zu etablieren, die aber zu keiner Stabilisierung führten. Einzige Ausnahme bildet die Soljanka, die als die »Salzige« Fleischsuppe aus der Ukraine DDR-weit, aber insbesondere auch in die Erzgebirgsküche, Einzug gefunden hat. Bekanntlich ist aber eine derartige Suppe in der Ukraine selbst nicht bekannt. Ebenso verhält es sich mit dem so genannten Szegediner Gulasch (Schweinefleisch mit Sauerkraut vermischt), das in der ungarischen Stadt Szeged ebenfalls kein Ungar als typische Speise seiner Region kennt.

Bierkrüge, Mitte 19. Jhd., Erzgebirgsmuseum

Bauer dengelt seine Sense, Erzgebirge um 1910

Kochecke im Häusler-Haus, Erzgebirge um 1910

REGIONALE KÜCHE WIEDER IM AUFWIND

Mit der politischen Wende und den vielfältigen Möglichkeiten des Reisens sowie dem damit verbundenen Kennenlernen von neuen kulinarischen Eindrücken, Speisen- und Geschmacksvarianten durch viele Erzgebirger, haben sich vorübergehend auch die Ansprüche an die hiesigen Küchen verändert. Das, was man im Ausland schmackhaft, auch exotisch fand, wollte man auch in seinen heimischen Gefilden verfügbar haben. Hierbei dominierten insbesondere die Speisen aus der italienischen, griechischen und asiatischen Küche. Eine Entwicklung, die schon einmal unter anderen Voraussetzungen in der sächsischen Hofküche des 16. Jahrhunderts – dort meist auf Frankreich bezogen - anzutreffen war.

Diese internationale Vielfalt wurde durch ein entsprechendes Warenangebot, seitens der Medien (Kochsendungen, Literatur) und durch Personalschulungen unterstützt. Auch in kleinen Städten – mitunter sogar in Dörfern - des Erzgebirges öffneten Restaurants, die diesen internationalen kulinarischen Wünschen Rechnung trugen.

Als Ende der 90er Jahre des vorigen Jahrhunderts ein gewisser Sättigungsgrad hinsichtlich fremdländischer Speisen und Getränke im Erzgebirge erreicht war, konnte neben einer Rückentwicklung der auswärtigen Kücheneinflüsse eine nahezu parallel verlaufende Rückbesinnung auf die regionalen Küchentraditionen, auf die ererbten Gerichte, auf unsere »Erb-Gerichte« beobachtet werden.

Seitdem entwickelt sich wieder punktuell eine regionale Küche des Erzgebirges, die sich insbesondere in den »Echt Erzgebirgischen Landgasthöfen«, aber auch in zahlreichen anderen Lokalen manifestiert, die typische erzgebirgische Speisen und Getränke anbieten. Das heißt nicht, dass vor 1989 keine erzgebirgischen Speisen und Getränke auf den Karten zu finden waren. Viele Gastronomen haben sich auch vor der Wiedervereinigung darum bemüht, die erzgebirgischen Traditionen zu bewahren und weiter zu reichen. Die komplexen wirtschaftlichen und kulturellen Möglichkeiten aber, die sich nach 1989 auftaten, gaben dieser Entwicklung, die bis dahin in Ansätzen vorhanden war, neuen Aufschwung.

Kloster Osek, Kapitelsaal, Urbani 1839

VIELFÄLTIGE KÜCHE DURCH SOZIALE GLIEDERUNG

Neben der kulinarischen Beeinflussung unserer Region diesseits und jenseits der Grenze in ihrer zeitlichen Entwicklungsgeschichte, sind auch wechselseitige Einflüsse hinsichtlich der sozialen Differenziertheit nachweisbar. Die Kloster-, Bauern-, Bergmanns-, Bürger- und Adelsküchen existierten zwar einerseits unabhängig voneinander, beeinflussten sich aber über die Jahrhunderte auch nicht selten wechselseitig. Die belesenen Mönche dieser Klöster gaben den Bauern Ratschläge in Ackerbau und Viehzucht, während die Bauern die Klöster - zumindest in den ersten Gründungsjahren bis zu deren teilweisen Selbstversorgung - mit Nahrungsmitteln belieferten und den Klöstern als Arbeitskräfte dienten.

Erst 1502 wurde das Franziskaner-Kloster unter Georg dem Bärtigen in Annaberg gegründet. Auch hier existierte ein Obstgarten und eine Küche, in der allerdings aufgrund der Regeln der Bettelmönche bescheiden gekocht wurde. Die Nahrungsmittel wurden durch die Mönche auch aus den umliegenden Dörfern zusammen gebettelt bzw. als Gegenleistung für das Spenden von Sakramenten von den Bauern abgegeben. Nur wenn der Kurfürst oder andere hohe Gäste im Kloster Quartier nahmen, wurden dort auch höfische Speisen und Getränke gereicht. Hauptnahrungsmittel in den Klöstern waren Breie, Fische,

Fleisch und Fladenbrot, dazu Wasser, Bier und Wein. Dabei kann davon ausgegangen werden, dass der Brei das typischste aller Volksgerichte war und von allen sozialen Schichten genossen wurde, während Fleisch mit zunehmender Arbeitsteilung und Herausbildung politischer Strukturen ein mehr und mehr privilegiertes, später dann »exquisites« Nahrungsmittel darstellte, das in der Klosterküche den Fastenregeln unterworfen war, die ebenso von den anderen Küchen übernommen oder durch kulinarische Manipulationen (siehe Seite 142 »Freiberger Bauerhase«) umgangen wurden.

Eine weitere Nahrungsquelle in den Klosterküchen waren die Fischteiche, in denen insbesondere die Fo(h)ren (Forellen) gezüchtet worden. Oftmals sind die Fischteiche direkt am Kloster zu finden. Städtische Klöster, wie z.B. das in Annaberg, hatten ihre Teiche außerhalb (Schlettau). Neben den Forengerichten war die Zubereitung von Salm (Lachs) und von Karpfen beliebt. Insbesondere in der fleischlosen Fastenzeit sowie an jedem Freitag (mancherorts auch mittwochs und freitags) standen Fischgerichte auf den Speiseplänen der Mönche. Nur zu hohen kirchlichen Feiertagen oder zum Fastenbrechen kamen Speisen hauptsächlich vom Wildbret, Geflügel, Lamm – selten Schwein und Rind – auf die Tische des Refektoriums.

Georg der Bärtige (1471 – 1539)

WALD- UND WIESENKÜCHE

Die Nahrung der erzgebirgischen Bauern wurde vom Angebot des Bodens, des Klimas, der sozialen Situation und den politischen Umständen bestimmt. Auch hier dominierten in der Frühzeit die Breigerichte, gefolgt von Kraut und Rüben, dem Brot aus Roggen und Hafer, dem Fischfang, einer bescheidenen Viehzucht (Käse von Kuh, Schaf und Ziege) sowie in zunehmendem Maße von der Wilddieberei. Bei Getränken standen neben dem Wasser der/das Kofent (Dünnbier ohne Hopfen), etwas Wein und wenig Milch im Mittelpunkt. Neben dem Wildbret, dessen Jagd aber schon recht früh dem »gemeinen Mann« als Ernährungsgrundlage durch kurfürstliche Edikte entzogen wurde, galten das Rind und das Lamm (meist Hammel), später dann verstärkt das Schwein, das auf Waldweiden und auch in nicht bäuerlichen Haushaltungen aufgezogen wurde, als Hauptfleischlieferanten. Fettes Fleisch war deshalb begehrt, weil es den Fetthaushalt mit abdecken musste, da die Butter wie auch Milch und Eier, oftmals Handelsobjekte (Natural-Tausch-Objekte) waren.

Nur die Nebenprodukte bei der Butterherstellung wie Quark, Käse, Molke, Buttermilch kamen auf den eigenen Tisch. Butter als Brotaufstrich war damals nicht üblich, sie wurde hauptsächlich zum Braten (Schmälzen) der Speisen benutzt. Der Käse war seit Alters her die derbe und eiweißreiche Zukost zum Brot.

Eine Besonderheit der erzgebirgischen Bauernküche ist die Heuküche. Diese Küche, die zur Zubereitung von Wildbret, aber auch Rind und Schwein, frisches Wiesen- oder Blumenheu verwendet, ist auch in anderen Gebirgsgegenden nachzuweisen. Auch dort galt diese Zubereitungsart lange Zeit als vergessene Küche und erlebt seit etwa 25 Jahren – mit zeitweiligen Rückschlägen - ihre Wiederbelebung. Im Erzgebirge ist die Heuküche, wie sie im 16./17. Jahrhundert in der Bauernküche und teilweise auch in der aufgeklärten bürgerlichen Küche vorhanden war, gänzlich in Vergessenheit geraten. Auch die Fichten-Küche, die Bier-Küche oder spezielle Käserezepte sind in Vergessenheit geraten, die es aber nahezu allesamt lohnt, wiederzubeleben.

SEGENSREICHE KNOLLE – DIE KARTOFFEL

Mit der Einführung sowie dem feld- und planmäßigen Anbau der Kartoffel um 1700 konnte die meist vorherrschende Not der erzgebirgischen Bauern gelindert werden. Es waren schließlich Ärzte, Botaniker, Richter, Pfarrer, Bürgermeister, Hüttenbesitzer oder Berghauptleute - Personen also, die von der Not ihrer Mitmenschen wussten und zu handeln verstanden - die sich um die systematische garten- und feldmäßige Anpflanzung und Ausbreitung der Kartoffel im erzgebirgischen Raum bemühten.

Von den Kanzeln der Kirchen im Erzgebirge hielten fortan die »Knollenprediger« ihre »Knollenpredigten« - wie der Volksmund die aufklärerische Werbung der Pfarrer für die Kartoffel bezeichnete. Pfarrer waren es auch meist, die der Bevölkerung den Umgang mit dieser neuen Frucht beibrachten, die Rezepte entwickelten, ausprobierten und weiterreichten. So manche Pfarrküche kann daher auch als Versuchsküche unserer noch bekannten, aber auch der inzwischen vergessenen Kartoffelrezepte gelten.

Die Kartoffel wurde über eine lange Zeit zum täglichen Hauptgericht der Erzgebirger. Sie kommt aus der Bauernküche, fand ihre Verbreitung über die Pfarrer, Mediziner und Botaniker und wurde langlebiger Bestandteil aller Haushalte, unabhängig der sozialen Stellung ihrer Mitglieder. Sie ist – neben Wasser, Getreide, Reis – mit die demokratischste Nahrungsquelle, die die Erde hervorgebracht hat.

Eine Vielzahl von Kartoffelgerichten in unzähligen Varianten sind nachweisbar und bilden zum Teil noch heute einen wesentlichen Bestandteil der Mahlzeiten in den Städten und besonders in den Dörfern des sächsisch-böhmischen Erzgebirges.

So können das »Raacher Maad«, der »Ardäpplkuchn«, die »Ardäpplkließ«, die »Goldnen Klitscher«, die »Getzn« oder die »Fratz'n« durchaus als typische Gerichte aus dem Erzgebirge angesehen werden. Allerdings ist immer einschränkend

hinzuzufügen, dass in einigen Fällen Einflüsse aus anderen Breiten, wie dem Vogtland, den fränkischen und böhmischen sowie thüringischen Räumen möglich und mitunter auch noch nachweisbar sind. Eine über zum Teil Jahrhunderte während Konstante in der Speisezubereitung der Kartoffel und der damit einhergehenden Nahrungsmittel- und Esskultur rechtfertigt aber durchaus den Begriff von einer relativ eigenständigen erzgebirgischen Kartoffelküche.

Mettenschicht und Bergmannsküche

Die Ess- und Trinkgewohnheiten sowie die Speisezubereitungen der Mehrzahl der Bergleute bis in das 18. Jahrhundert unterscheiden sich kaum von der Bauernküche, zumal viele Bergleute im ländlichen Raum angesiedelt waren und teilweise selbst über eine kleine Landwirtschaft verfügten. Aufgrund der schweren körperlichen Arbeit sind bei den Bergleuten teilweise höhere Rationen von Fett und ein etwas erhöhter Fleisch-Konsum im Vergleich zu den Bauern festzustellen. Eine Ausnahme bildet der Verzehr von Alkohol, der durch höheren Bier- und Spirituosenverbrauch den schon nicht geringen Konsum alkoholischer Getränke bei den Bauern noch übersteigt. Die Bergherren trugen Sorge dafür, dass ihre Arbeiter unter Tage besser gestellt waren als der übrige Teil der schaffenden Bevölkerung. Schließlich hing ihr Wohlstand auch von der Arbeitsleistung der Bergleute im Berg ab. Im engen Zusammenhang mit der Bergmannsküche steht das Brauchtum der Bergleute: Solche Traditionen wie »Mettenschicht«, »Zechenheiligabend« »Halden- oder Turmsingen«, »Bergweihnacht« oder das geblasene »Feldgeschrey« sowie das »Neujahrsblasen« der Bergleute, waren immer – neben Musik, Gesang, Gebeten und Ansprachen - mit Essen und Trinken verbunden. Der Chronist Johannes Mathesius aus Joachimsthal berichtet bereits 1554 vom »Weihnachtsblasen« und von Umgängen mit Gesang der Bergleute, wofür sie mit Brezeln und anderem Gebäck belohnt wurden. Die »Mettenschicht«, eigentlich die letzte unter Tage verfahrene Schicht der Bergleute vor Weihnachten, die der Steiger mit Klopfzeichen »herausklopfte«, wird heute als eine geselliges Beisammensein vor Weihnachten – gern auch touristisch vermarktet – meist mit Speckfettbemmen, Bratwust und Sauerkraut (Brot oder Klößen), Stollen und auch alkoholischen Getränken begangen. In seinem 1940 erschienen Buch »Letzte Schicht« schreibt der Pädagoge und Heimatforscher Walter Fröbe über die Mettenschicht in einer Grube bei Schwarzenberg: »Sie wurde am Abend des 23. Dezember in der gescheuerten und aufgeräumten Grubenkaue abgehalten. Der Raum wurde mit Fichtenzweigen geschmückt und hatte mitten über dem Tisch die Bergspinne. Auf dem Querhölzern der Fenster, rund um das Stollenmundloch, waren Dreierlichter aufgesteckt. In der Ecke stand eine Pappe mit ausgeschnittenem ´Glück auf!´, das mit Buntpapier hinterklebt war und von dahinterstehenden Kerzen erleuchtet wurde. Man sang Berg- und Weihnachtslieder, und nach der Ansprache des Bergverwalters gab es warme Würstchen, Bratäpfel, Gehacktes und Bier. Dazu steckte man sich ein ´gaahles Gelecht´, eine Zigarre, an.«

Bergparade zum 4. Advent, Annaberg-Buchholz

BÜRGER- UND ADELSKÜCHE

Die bürgerliche Küche war auch im Erzgebirge von der höfischen Küche - hauptsächlich Dresdens - und die wiederum von
den lukullischen Paradiesen Italiens und Frankreichs
beeinflusst, so dass von einer gegenseitigen Einfluss-
nahme zwischen der bürgerlichen und der aristokratischen Küche ausgegangen werden kann. Die Un-
terschiede zwischen diesen beiden Küchen wurden
allerdings im sozialen Status der jeweiligen Bürger
oder Adligen deutlich. Das trifft sowohl auf den Umfang der Speisen und Getränke (Menü-Gänge), ihrer
Herkunft und Qualität, dem Einsatz kostenintensiver
Gewürze sowie auf das jeweilige Ambiente zu, in dem
die Menüs gereicht wurden. Elemente dieser Küchen
finden wir noch heute, wenn auch mitunter in stark
abgewandelten Formen, in der Zubereitung besonders bei Fleisch- und Fischspeisen und zum Teil bei
den Kuchen, Torten und anderen Süßspeisen.

Im Vordergrund dieser sozialen Schichten – sowohl als Leidenschaft, aber auch als Jahrhunderte altes Privileg des Adels und vereinzelt auch der Bürger
- stand die Jagd. Die erzgebirgischen Wälder waren
voller Wild, das zu den bevorzugten Speisen der Aris-
tokratie zählte. Schließlich ging es dabei nicht nur
um die schmackhafte Zubereitung von Wildspeisen,
sondern auch um den Mythos, dass man sich mit dem
Verzehr des Wildbrets auch die Kraft, Erhabenheit
und Potenz der Tiere einverleibe. Der Bürger- und
Hofküche – insbesondere der des Barock – haben wir
die meisten Wildrezepte zu verdanken, die in adap-
tierter Form auch in der späteren Bürgerküche (siehe
z.B. Hei-Hirsch) wiederzufinden sind.

Einen herausragenden Platz in der bürger-
lich-aristokratischen Küche nahmen auch Fischzucht
und -fang sowie die Zubereitung von Fischspeisen ein.
Diese Form der hochherrschaftlichen Küchentradition, sowohl in der Fisch- als auch in der Fleisch-Kü-
che, ist im Erzgebirge vornehmlich auf Burgen
und Schlössern (u.a. Augustusburg, Scharfenstein,

Wolkenstein, Klaffenbach) nachweisbar. Aber auch
in reichen Bürgerhäusern war eine vollmundige Ess-
und Trinkkultur nicht selten.

Einen nachhaltigen Beleg aus dem Jahre 1544
gibt dafür Paulus Jenisius in seiner Chronik über die
Gelage des zunächst reichen Annaberger Fundgrüb-
ner und Bürgermeister, den später total verarmten
Caspar Kürschner: »Bürgermeister Caspar Kürschner
giebet bis Jahr ein Rathsmahl oder Essen, von Wildbret
und Fischen, Malvasier, Rheinfall, köstlichen Wein,
uffs prächtigset mit Essen und Trincken. Des Abend
lesset er Meet auftragen... Bürgermeister Caspar Kürschner und Heinrich Körndörfer waegen sich allhier in
der Wage: Jener wieget 2 Centn. 15 lb.: Dieser aber 2
Cent. 12 lb.«

Neben einer intensiven Wild- und Fischküche
haben aus dieser Zeit die Saucen, Suppen und Desserts auch den Weg in die aktuelle Küchentradition
gefunden. Dabei sind aber auch Übernahmen aus der
Bauernküche festzustellen (wie z.B. Heu- und Fich-
tenküche, Eintöpfe, Fladenbrot, Biere).

Welchen kulinarischen Aufwand man bei Hochzeiten von Bürgertöchtern im Erzgebirge betrieb,
geht aus einer Annaberger Hochzeitsrechnung von
1750 hervor. Für dieses Fest wurden angekauft: »Wilde Schweine aus Jöhstadt, vier Schöpse, zwei Schock Fo-
ren, zwei Schweine, neunzehn Stück türkisches Feder-
vieh, zwölf Hasen, sechzehn Kapaunen, sechs Schinken,
fünfzehn Gänse, 25 Thlr für Bier, 17 Thlr und 12 ggr
für Brot und Mehl, 6 Thlr für Holz zum Kochen und
Braten, 6 Thlr und 16 ggr für Speck, 6 Schock Eier für
1 Thlr, 20 Kannen Butter für 1 Thlr. Gesamt 141 Thlr
9 ggr.«

*Aus: Festschrift zur 400 jährigen Jubelfeier der Stadt Annaberg 1496-
1896, Im Auftrag des Stadtrates herausgegeben von Max Grohmann,
Annaberg 1896*

Alter Feudalsitz, Schloss Pfaffroda, um 1920

ERZGEBIRGSKÜCHE IST KEINE ARMENKÜCHE

Die Kulturgeschichte vom Essen und Trinken im sächsisch-böhmischen Erzgebirge ist somit ein wesentlicher und authentischer Bestandteil der Gesamtgeschichte dieser Region. Durch die unterschiedlichsten politischen, wirtschaftlichen und kulturellen Einflüsse auf die Erzgebirgs-Kammregion sowie durch zahlreiche Wanderungsbewegungen hat sich im Laufe von ca. 500 Jahren eine eigenständige Ess- und Trinkkultur herausgebildet, die durchaus als »Regional typische Erzgebirgsküche« bezeichnet werden kann. Damit kann dann auch der Begriff von der Erzgebirgsküche als »Armenküche« nicht aufrecht erhalten werden. Schließlich haben wir es mit einer relativ ausdifferenzierten und vielfältigen sowie reichhaltigen Küchen- und Speisenkultur im Laufe der geschichtlichen Entwicklung, aber insbesondere hinsichtlich der Staffelung der sozialen Schichten zu tun.

Die Küchen der Bauern, der Bergleute und später die des Proletariats fielen im Vergleich zu denen des Bürgertums und des Adels immer spartanischer aus. Aber auch in den so genannten einfachen Küchen kann mitunter eine beachtliche Differenzierung festgestellt werden, die den Begriff von der »erzgebirgischen Armenküche« genau so wenig rechtfertigt, wie den vom »Sächsischen Sibirien«, der etwa zeitgleich mit der touristischen Erschließung des Erzgebirges zunächst und fälschlicherweise geprägt wurde.

Die typische Erzgebirgsküche ist auf sächsischer Seite stärker ausgeprägt gewesen und befindet sich derzeit dort in einer »Küchen-Renaissance«, während im böhmischen Teil des Erzgebirges nur noch wenige Elemente der historischen Küche vorzufinden sind, da insbesondere durch den Zweiten Weltkrieg und die anschließende Besiedlung dieses Gebietes durch Bevölkerungsgruppen aus Tschechien, Mähren

und der Slowakei die böhmisch-erzgebirgische Ess- und Trinkkultur verdrängt worden ist. Durch die Wiederentdeckung und Wiederbelebung gemeinsamer gastro-kultureller Wurzeln sowie deren organisierte Wechselwirkung im sächsisch-böhmischen Grenzraum kann über das Verbindungselement »Regional typische Erzgebirgsküche« und ihrer touristischen Vermarktung, eine grenzübergreifende Genussregion Erzgebirge nachhaltig geschaffen werden.

Die Mehrzahl der folgenden historischen Rezepte eigenen sich zu einer Wiederbelebung bzw. zu einer Adaption mit großer Nachhaltigkeitswirkung unter modernen Gesichtspunkten der Gastronomie und unter Berücksichtigung zeitgemäßen Geschmacksempfindens im sächsisch-böhmischen Erzgebirge. Viele der vorgestellten Speisen und Getränke sind für den grenzüberschreitenden Austausch möglich, so dass historische erzgebirgische Gerichte wieder verstärkt in der böhmischen Grenzregion angesiedelt werden und böhmische Speisen und Getränke in größerem Umfang (insbesondere bei den Desserts/Mehlspeisen) die erzgebirgische Gastronomie auf sächsischer Seite bereichern könnten, um somit unsere typischen Erzgebirgsküche auch überregional und vielleicht sogar international als ein genussreiches Markenzeichen unserer Kammregion zu etablieren.

Sind es doch auch die Ess- und Trinkgewohnheiten, die von einer Generation auf die nächste, ob in Kochbüchern, auf Küchenzetteln oder mündlich weitergegeben wurden und somit zum Überleben der beliebtesten Speisen und zur kulturgeschichtlichen Entwicklung unserer Region beigetragen haben. Daraus sind emotionale Bindungen an die Heimat entstanden, die in Koppelung mit Kindheit, Elternhaus, Fest- und Feiergestaltung sowie eine über das gesamte Jahr verteilte Brauchtumspflege auftreten.

Waldarbeiter, Erzgebirge um 1910

Nicht selten können typische Geruchs- oder Geschmackserlebnisse aus der Kindheit, Umwelteindrücke, Begebenheiten oder Erinnerungen die Emotionen intensiv ansprechen und unter ähnlichen Verhältnissen und Voraussetzungen wieder zum Ausdruck gebracht werden. Daraus ergeben sich auch psychologische Anknüpfungspunkte und praktische Chancen, in einer globalisierten Speisen- und Getränkekultur, der regionalen Küchenkultur im Erzgebirge weiter zum Durchbruch zu verhelfen, hin zu einem identitätsstiftenden Markenzeichen unserer Heimat.

Oder wie es der Erzgebirgschronist und Pfarrer Christian Lehmann bereits 1699 im Vorwort zu seinem »Schauplatz« treffend ausgedrückt hat:

»Das Meißnische Ober-Ertz-Gebirge, unser Vaterland, führet so viel merckwürdige Dinge in sich, daß es schade, wenn solche, wie vorhin, länger in der Finsterniß stecken solten, und zu beklagen, daß die Menschen sich allein über außländische Dinge verwundern, da wir zu Hause um und bey uns solche Sachen haben, welche denen Außländischen viele grössere Verwunderung erwecken würden.«

Pilzsammler »Schwammegieher«, Erzgebirge um 1910

Die Annaberger Unternehmerin Barbara Uthmann (1514 – 1575)

KRÄUTER IN BARBARA UTHMANNS GARTEN

Kräuter spielten zu allen Zeiten auch in den Küchen des Erzgebirges eine wichtige Rolle. Erzählt wird von wohlschmeckenden Kräuterbroten, die mit Fenchel, Anis, Kümmel oder anderen Kräutern aus den teilweise umfangreichen Klostergärten angereichert wurden. Salate in unserer heutigen Form als Vorspeise oder als Begleitung zur Hauptspeise war in den frühen Klosterküchen noch nicht bekannt, obschon die Vielfalt an Obst- und Gemüsesorten sowie in- und ausländischer Kräuter eine solche Vermutung nahelegen könnte. Vielmehr wurden diese Kräuter noch bis in das 16. Jahrhundert hinein hauptsächlich zu medizinischen Zwecken verwendet, wie uns aus der »Apoteken Tax der Stadt Annaberg« vom 17. Juli 1563 überliefert ist. Andererseits wissen wir, dass es parallel dazu – aber insbesondere im 18. Jahrhundert - auch Empfehlungen gab, z.B. Kohlsorten, Salate, Wurzeln und Obstsorten entweder in Reinform oder gemischt auf die Tafeln zu bringen. In die bürgerlichen Haushalte zog die Verwendung von Obst und Gemüse als Salate, Rohkost oder Aufläufe mit unter eher ein, als dies in der Klosterküche der Fall war.

Auch in der Bauernküche ist der Verzehr von rohem Gemüse erst relativ spät nachzuweisen, hier wurden die Früchte des Feldes und des Gartens noch lange Zeit zu kräftig gewürzten Breien verkocht.

Für das Erzgebirge sind insbesondere die Einflüsse des Botanikers Ludwig Camerarius (ein Schwiegersohn von Barbara Uthmann) zu würdigen, der durch das Anlegen von Schul- und Hausgärten sowie durch die Eröffnung eines Botanischen Gartens in Annaberg das Augenmerk auf den Verzehr von Obst, Gemüse und Kräutern auch außerhalb medizinischer Vorschriften richtete und somit die Speisezettel um viele vegetarisch-kulinarische Gerichte bereicherte, wie sie teilweise noch heute in der Gastronomie anzutreffen sind. In der Schrift »Hortus Annaemontanus« nach der Chronik des Paulus Jenisius, 1604, die sich sowohl auf den Garten der Barbara Uthmann (Gartenaufkäufe 1570/71) als auch auf den Kräuter/Schul-Garten der Lateinschule in Annaberg bezieht, findet man u.a. Angaben zu folgenden Kräutern, die fast alle zu Speisezwecken in der bürgerlichen Küche Verwendung fanden (historische Schreibweise wurde beibehalten):

Römischer Wermuth, Alpenkraut, Stabwurz, breitblättriger Sauerampfer, eßbarer Calmus, Knoblauch, Eibisch, Spargen, Beifuß, Ochsenzunge, Nelken, Eberwurz, Kerbel, Wegwart, Waldreben, Kreuzwurz, Alandwurz, Fenchel, Senff, Dreifaltigkeisblume, Erdbeeren, Ziegenraute, Süßholz, Christwurz, Ysop, Guntermann, Münchrhabarbarum, Lavendel, Basilien, Liebstöckl, Pfefferkraut, Rosmarin, krause Münz, Melissen, Eisenhütlein, man bringt aus Böhmen und besamte sich selbst (Napellus e Bohemia allatus erennat), Schuppenwurz (Standort Pöhlberg), Pastinaken, Petersilie, Baldrian, Rosenwegerich, Raute, Breitsalbei, Herrgottsbärtlein, Seiffenkraut, Jüdenkirschen, Reinfarn, rothe Sommerthürle, Quendel, Bocksbart, Dill, Mangolt, Melden, Aniß, Tausendgüldenkraut...

SUPPEN UND EINTÖPFE

ALLERLEI VON KOHLRÜBEN-, BROT-, BRENNNESSEL-,
GRÜNDONNERSTAG-, KUTTELFLECK- UND ROTZ-SUPPE SOWIE
SOWIE EIN KULINARISCHES LOBLIED AUF DIE GRÄUPCHEN.

Die Zubereitung und der Verzehr von flüssigen Speisen ist bereits in der Antike nachweisbar. Meist handelte es sich dabei um die Verdünnung von Breien durch Wasser, Bier, Wein oder Milch bzw. um die Zugabe von Gemüsen und Getreideprodukten, die in einem Topf (Eintopf) zubereitet wurden. In der historischen Küche des Erzgebirges existierten Brei und Suppen (Eintöpfe) meist parallel, wobei zunächst die Breie aus Getreide, Rüben und später Kartoffeln überwogen.

Im 17. und 18. Jahrhundert wurden die Breie nicht mehr zu Suppen verdünnt, sondern es kamen gezielt Substanzen zur direkten Herstellung von Suppen zum Einsatz.

KOHLRÜBEN-SUPPE

Die Suppen aus Kohlrüben/Runkelrüben/Steckrüben gehörten in fast allen Jahrhunderten zu der Bauern- und Bergmannsküche. Sie haben mit dazu beigetragen, den undifferenzierten Begriff von der »Armenküche« im Erzgebirge zu stabilisieren. In den frühen Hungerjahren, aber auch während und nach den beiden Weltkriegen wurde diese Suppe auch Bestandteil der bürgerlichen Küche (»Kriegs- oder Nachkriegsküche«), wo sie in späteren Jahren Verfeinerungen erfuhr. Dass es sich dabei um eine sehr wohlschmeckende Suppe handelt, belegen Beispiele von Gasthöfen aus der Gegenwart. Mitunter braucht es etwas länger, bis sich unsere Geschmacksnerven an diese dann doch sehr schmackhafte Suppe gewöhnt haben.

REZEPT

500 g Kohlrüben und 200 g Kartoffeln (können auch weggelassen und durch weitere Rüben ergänzt werden) würfeln und getrennt kochen. Etwa die Hälfte von den gekochten Rüben pürieren. 250 g Rauchfleisch oder Schinkenspeck klein schneiden und mit drei kleingeschnittenen Zwiebeln anbraten. Mit Mehl bestäuben, wenig von ca. 1 Liter Brühe zugeben und eine Einbrenne herstellen. Mit der Brühe übergießen, aufkochen lassen und die gekochten Kartoffeln und die restlichen Rüben zugeben und nochmals aufkochen.

Es können noch 200 g Speck ausgelassen zugegeben werden. Mit Salz, Pfeffer sowie etwas Essig und Zucker süß-sauer abschmecken (auch ohne Essig und Zucker möglich) und beim Servieren etwas Dill zugeben.

Verkanntes Gemüse – die Kohlrübe, ideal geeignet für Eintöpfe

BROT-SUPPE

Diese Bauernspeise kommt in zahlreichen Varianten vor und zählt vermutlich zu den ältesten Suppen überhaupt, wie der Gastrosoph Karl Friedrich von Rumohr (geb. in Reinhardsgrimma b. Dresden) in seinem »Geist der Kochkunst« (1822) nachweist. Die einfachste besteht aus heißem Wasser, Salz und Kümmel (als Erweiterung wird besonders in der kalten Jahreszeit Knoblauch verwendet), wo hinein Brotfladenstücke gebrockt werden. Eine andere benutzt als Grundlage den Kofent, das Dünnbier aus dem zweiten Brauvorgang. Erst später oder zu festlichen Anlässen sind Brotsuppen anzutreffen, die Milch (meist Sauermilch) oder Brühen als Basis haben. Es wird auch immer von Schwarzbrot auf Roggenbasis als Einlage ausgegangen. Auch süße Varianten der Brotsuppe sind bekannt. Dabei wird das Brot in Buttermilch eingebrockt, mit Zucker, Salz, Zimt abgeschmeckt und mit Rosinen oder Dörrobst verfeinert. Aus der bürgerlichen Küche ist bisher nur eine herzhafte Ausnahme (mit Wurst angereichert) bekannt:

BÜRGERLICHE BROT-SUPPE MIT WURST

In 20 g Butterschmalz (auch geklärte Butter) wird eine kleingeschnittene Zwiebel, eine geraspelte Möhre, ein Stück geraspelter Sellerie, eine gepresste Knoblauchzehe angeschwitzt, mit Kümmel, Salz und Pfeffer gewürzt. Drei Scheiben Schwarzbrot werden in kleine Würfel geschnitten und mit der kleingeschnittenen Wurst (Knacker oder Leberwurst oder Blutwurst) dazu gegeben. Mit reichlich 1 Liter Brühe auffüllen, ca. 30 min leicht köcheln lassen. Mit möglichst frischem Majoran und Petersilie vor dem Servieren bestreuen.

ZUDEL-SUPP/ROTZ-SUPP

Eine Suppe, die ursprünglich nur aus heißem, leicht gesalzenem Wasser und eingeriebenen (geraspelten), rohen Kartoffeln bestand. Die im kochenden Wasser bildenden Zudeln, die sich etwas schlierig auf Zunge und Gaumen anfühlen, gaben dieser Bauernsuppe ihren Namen. Im Laufe der Zeit ist auch diese Suppe angereichert worden: Es wurden die Kartoffel-Zudeln reduziert und durch Sauerkraut-»Zudeln« ersetzt. In manchen Dörfern des Erzgebirges ist sie auch als »Fitz-Fadl-Supp« bekannt, allerdings wird die meist ohne Sauerkraut serviert. Eine verfeinerte Variante besteht aus Brühe, etwas Butter und Knoblauch. Obenauf kommt (möglichst frischer) Majoran.

Neinkreiter- oder Gründonnerstag-Suppe

Obwohl sie ihren Ursprung im fränkischen und hessischen Raum haben dürfte, ist auch im Erzgebirge seit dem 18. Jahrhundert diese Suppe mit den neun Kräutern als Gründonnerstagsuppe bekannt. Doch wird sie aus Mangel an frischem »Grünzeich« nur selten an diesem Tag serviert. Durchgesetzt hat sich daher die mundartliche Bezeichnung »Neinkreitersupp«, die auch weit nach dem Gründonnerstag aus frischen Kräutern zubereitet werden kann und als schmackhafte Frühlings- und (auch kalt serviert) Sommersuppe gilt.

Bei der Wiederbelebung dieser Speise sollte auf die mystische Zahl neun und deren besondere Bedeutung im Erzgebirge verwiesen werden: (Neunte Nessel, Neunerlei, Neunerprobe des Adam Ries – und neun Schluck warmes Wasser getrunken hilft in Reizenhain gegen Schluckauf...). Ursprünglich handelt es sich beim Zahlen-Mythos mit der »3« um die Verdreifachung der christlichen Dreifaltigkeit: Gott Vater, Sohn und Hl. Geist. Ebenso sollte auf die medizinischen Wirkungen und die abergläubig/mystischen Bedeutungen der einzelnen Kräuter hingewiesen und bei der Vermarktung dieser Suppe mit einbezogen werden. So ist z.B. die Nessel nicht nur harntreibend und gut gegen Rheumatismus, sondern auch gegen Heuschnupfen. Sie ist auch als »Mondkraut« alten Erzgebirgern bekannt, weil sie am besten bei Schwarzmond wachsen soll, also in jener Zeit, in der auch die »Neunte Nessel« ihre Blüten treibt. Aus den Samen der Nessel ist in einigen Dörfern des Erzgebirges bis etwa 1946 ein Liebestrank bereitet worden, den man den erzgebirgischen Jungfrauen für eine künftige Fruchtbarkeit verabreichte.

Der so genannte »Bettpisser«, wie der Löwenzahn noch vereinzelt im Volksmund genannt wird, weißt mit diesem Begriff ebenfalls auf seine harntreibende Funktion hin. Er hat aber gleichzeitig die Fähigkeit, Wünsche zu erfüllen, wenn man sich mit ihm einreibt, wie man noch bis in das vorige Jahrhundert hinein glaubte.

Auch der Frieser(l)ich (Schnittlauch) ist nicht nur wegen seiner ätherischen Öle medizinisch von Bedeutung, er wurde auch zum Bannen der bösen Geister einst in dörflichen Erzgebirgsstuben sowie in den Ställen verstreut.

Der Sauerampfer wird vom Vitamin-C-Gehalt noch über die Zitrone gestellt. Er soll nicht nur blutreinigend wirken, sondern auch ein heiteres, fröhliches Gemüt herbeiführen. Ebenso verhält sich der Kerbel blutreinigend, darüber hinaus stellte man aus ihm Augenwasser her oder verwendete Kerbeltinkturen als Kompressen bei Augenentzündungen. Wer Kerbel zu sich nimmt, kann besser in die Zukunft schauen, wird behauptet.

Ganz wichtig sind die Gänseblümchen-Köpfchen (können auch durch Blüten der Kapuzinerkresse oder durch getrocknete Gänseblümchen ersetzt werden), die auf der Suppe schwimmen sollen. Schließlich werden ihnen in alten Kräuterbüchern Heilwirkungen bei folgenden Leiden oder einfach nur zum Wohlbefinden zugeschrieben: Appetitlosigkeit, Blasensteine, blutreinigend, blutstillend bei Wunden, Darmentzündung, Erkältungen, Gicht, harntreibend, Hautausschläge, Hautkrankheiten, Husten, krampfstillend, Menstruationsbeschwerden, Nierensteine, Ödeme, Rheumatismus, schmerzstillend, Stoffwechsel anregend, Unreine Haut, Verstopfung, Wassersucht ...

REZEPT 👨‍🍳

Gehackte Zwiebel in Butter dünsten, mit Mehl bestäuben, helle Einbrenne herstellen. Mit gewürzter Brühe (Huhn) auffüllen. Brennessel, Taubnessel, Schnittlauch, Spinat, Sauerrampfer (etwa 10%), Kerbel (oder Pimpinelle), Petersilie, Löwenzahn (oder Ysop) (10-15%) - Kräuter saisonal sind austauschbar, aber nicht gegen asiatische oder mediterrane! Alle Kräuter klein hacken, in den Topf/Terrine geben, mit der heißen Brühe überschütten.

Variante 1: Kräuter mit Mixstab aufschlagen und saure Sahne und Eigelb unterziehen, obenauf (beim Servieren) einige frische Kräuter einstreuen.

Variante 2: Kräuter nicht aufschlagen, sondern in der klaren Brühe (sichtbar schwimmen lassen), mit obenauf ein paar frischen Kräutern servieren.

Beide Suppen-Varianten werden mit Gänseblümchen-Köpfchen (auch Kapuzinerkresse-Blüten) serviert. Sollten die nicht vorrätig sein, können auch Krusteln aus geröstetem Schwarzbrot eingestreut oder beigelegt werden.

Brennnessel-Suppe

Diese einfache Bauern-Suppe gehört zu den Gerichten, die in alten Zeiten nahezu das ganze Jahr über – ebenfalls in unterschiedlichen Varianten – im Erzgebirge zubereitet wurden. Der hohe Mineralstoffanteil wie Magnesium, Kalzium und Silizium sowie die Vitamine A und C, aber auch der hohe Eiweißgehalt wurde von alters her geschätzt (siehe auch: Nein-kreiter-Supp). In alten Rezepten ist die Rede davon, dass mitunter Butter, Fisch und Fleisch in Brennnesselblätter gewickelt wurde, um diese Produkte länger frisch zu halten. In Laborversuchen wurde festgestellt, dass Wirkstoffe der Brennnessel die Vermehrung bestimmter Bakterien verhindern.

REZEPT

Fünf bis zehn Hände voll junger Brennnessel waschen, brühen (blanchieren), abseihen (den Sud aufheben). Die gebrühten Brennnessel klein schneiden (ev. mit Wiegemesser). Eine kleingeschnittene Zwiebel in Butterschmalz (oder Öl) goldgelb anschwitzen. Alles mit einem Liter Gemüsebrühe auffüllen und ca. 5 min auf kleiner Flamme kochen lassen. Vier Eier mit etwas Mehl verquirlen und unter Rühren in die Suppe geben.
Mit Salz, Pfeffer und etwas Muskatnuss (oder Macisblüte) abschmecken. Die Suppe kann mit 200 ml Sahne oder Sauermilch weiter gebunden werden. Obenauf streut man kleingeschnittene frische Brennnesselblätter oder Blüten von der Taubnessel.

Holunderblüten-Suppe

Die (rot-blaue) Holunderbeeren-Suppe (Hollunnersupp) ist im Erzgebirge weit verbreitet. Sie wird sowohl als süße als auch mitunter als herzhafte Sommersuppe angeboten. Vergessen dagegen ist die historische Frühlingssuppe, die Holunderblüten-Suppe oder Fliedersuppe (die im Erzgebirge allerdings auch oftmals wegen der späten Reifung der Blüten als Sommersuppe gereicht wird). Neben Sirup, der aus den Blüten durch Einweichen derselben in Zuckerwasser und Zitronensäure hergestellt wird, ist noch das Ausbacken der Dolden in Pfannkuchen oder Bierteig bekannt. Diese Suppe gehört zu den Gerichten, die von der Bauernküche in die bürgerliche Küche Eingang gefunden hat und dort als eine süße Vorspeise im 19. Jahrhundert auch in den Bürgerküchen des Erzgebirges sehr beliebt war.

REZEPT

Etwa 10 Holunderblüten (Dolden) in einem halben Liter Wasser bei geringer Hitzezufuhr kochen. In ein Sieb geben und den aufgefangenen Sud mit einem Liter Milch, einem Päckchen Vanillezucker zum Kochen bringen (ein Stein auf dem Topfboden verhindert das Überkochen der Milch).
50 g Sago und eine Prise Salz zugeben und bei geringer Hitze quellen lassen. Zwei Eigelb mit etwas Sahne und mit zwei Esslöffel Honig verrührt dazu geben. Eiweiß steif schlagen, mit etwas Honig und Zimt abschmecken und als Häufchen auf die Suppe setzen.

HAGEBUTTEN-/VOGELBEER-SUPPE

Die Hagebutte (die Frucht der Hundsrose) besitzt einen hohen Anteil an Vitamin C. Sie wurde meist frisch im Herbst, nach der Blüte, verarbeitet. Neben Gelees, Marmeladen und getrocknet auch zur Teebereitung, kam sie als süße Suppe auf den Tisch, die auch als Kaltschale sehr schmackhaft ist. Die Samen der Hagebutten, die vor dem Kochen entfernt werden müssen, wurden wegen ihrer Behaarung gern als Juckpulver benutzt.

Ähnlich wie aus der Hagebutte, wurden Suppen (auch Marmeladen, Liköre) aus der Vogelbeere (Eberesche) hergestellt. Es gibt die gelbe, essbare Vogelbeere und die rote, die ebenfalls essbar und nicht giftig ist, wie landläufig noch immer behauptet wird.

Günstig für die Verträglichkeit ist dabei, dass die Früchte mehrmals Nachtfröste abbekommen haben (man kann sie auch für zwei Tage im Tiefkühlfach des Kühlschrankes aufbewahren), damit die mitunter unverträgliche Hexatinsäure abgebaut wird. Auch hier war schon immer der hohe Vitamin-C-Gehalt ein Grund mit, die Vogelbeere in alter Zeit gegen die Skorbut einzusetzen. In Böhmen wird die Vogelbeer-Konfitüre gern zu Wildgerichten gereicht.

REZEPT

Etwa 250 g Hagebutten gründlich entkernen. In einem Liter mildem Zitronenwasser, mit etwas Schale von der Zitrone, und 4-5 Esslöffel Zucker sowie eine Prise Salz die Schalen sehr weich kochen. Dann durch ein Sieb streichen, ev. Nachzuckern und mit 2 Esslöffel kalt angerührtem Kartoffelmehl sämig binden. Noch einmal aufkochen lassen und ev. mit süßer Sahne abschmecken. Ohne die kleinen Kerne zu entfernen, kann mit den Vogelbeeren eben so verfahren werden.

KUTTELFLECKEN-SUPPE

Bei dieser Suppe handelt es sich um eine historische Bauern-Suppe, die zu unterschiedlichen Zeiten mal mehr und mal weniger beliebt war und ist. Sie ist fester Bestandteil beim Hausschlachten gewesen. Heutzutage ist sie wieder auf einigen Speisenkarten auch in der sächsischen Erzgebirgsregion anzutreffen. In den Gasthäusern und Haushaltungen auf böhmischer Seite gehört sie seit Jahrhunderten mit zu den beliebtesten Standardgerichten. In Böhmen wird die Suppe mit etwas Liebstöckel angereichert, dadurch erhält sie ihren spezifischen böhmischen Geschmack, der fälschlicherweise als Maggi- oder Brühwürfelgeschmack definiert wird. Die böhmische Köchin Magdaléna Dobromila Rettigová empfiehlt 1826 folgende »Kuttelfleck-Suppe«:

»Wenn die Kuttelflecken gut gereinigt sind, so laß sie eine halbe Stunde kochen, dann gib sie auf ein Brettchen, schabe noch ein jedes Stück mit dem Messer ab und schneide alle Ränder weg; hierauf wasche die Flecke in reinem Wasser, gib sie in einen anderen Topf, gieße wieder ein reines Wasser auf, salze sie und laß sie weich kochen; hernach schneide sie auf Nudeln, und wenn sie genug weich sind, gib sie in eine mit weißer Einbrenn eingebrennte Rindsuppe, sind sie aber noch zäh, so laß sie in uneingebrennte Suppe so lange kochen, bis sie weich sind, dann erst brenne die Suppe ein, füge hiezu kleingeschnittene grüne Petersilie und trage sie auf.«

REZEPT 👨‍🍳

Etwa 4 Pfd. gut geputzte Rinderflecken - in manchen Orten ist davon 1 Pfd. Lunge und 1/2 Pfd. Milz -, etwa 15 Minuten kochen und dann das Wasser abschütten; in frischem gesalzenem Wasser etwa 3 Std. weiterkochen und nach 2 Std. Kochzeit Wurzelwerk dazu geben; nebenbei etwa 2 Pfd. kleingeschnittene Kartoffeln mit 1 Essl. Kümmel, Salz und 2 Zehen Knoblauch kochen. Aus ⅛ Pfd. zerlassenem Speck, 3 gehackten Zwiebeln, 1 gehackten Zehe Knoblauch, 1 Essl. Zucker und 4 - 5 Essl. Mehl eine Einbrenne bereiten; mit etwas Brühe auffüllen und mit Essig, Salz, Zucker und Majoran abschmecken. Gekochte Flecke in kleine Streifen schneiden und mit den abgeschütteten Kartoffeln und dem Einbrenn in die Fleckenbrühe geben; 4 saure Gurken klein schneiden und unterrühren. In Jöhstadt werden noch ein paar Rosinen untergemengt und in fast allen Orten zur Böhmischen Grenze hin kommen noch paar angeschwitzte Schwamme dazu.

SCHWAMME-SUPP (PILZ-SUPPE)

Neben den sogenannten Zugemüsen wie Weißkraut, Sauerkraut, Rüben u. a. waren es vor allen Dingen die Schwamme, die sich aber auch zu verschiedenen Zeiten als eigenständiges Hauptgericht darstellten bzw. in der Kombination mit Kartoffeln (besonders in Breiform) oder als Suppe vorkamen.

Bis auf den heutigen Tag hat sich kaum etwas an der Zubereitung von Pilzen im Erzgebirge verändert. Die Rezepte, welche Christian Lehmann 1699 im CAP. XIII (»Von Schwämmen«) aufgeschrieben hat, entsprechen noch überwiegend dem heutigen Geschmack: *»Es gibt auch sonst krause Klumpen = Schwämme/ die häufig zusammen gewachsen/ sonst Ziegenbart oder Hasenöhrlein genannt/ und von armen Leuten gegessen werden. Die Röstlinge pregelt man in Butter/ und kann sie auch in Fäßlein einsalzen und behalten. Die Pilze und Täublinge werden mit Ram und Butter/ gehackter Petersilie und Zwiebel bereitet: die Bratlinge auf dem Roste gebraten/ oder so derer viel sind/ wie Röstlinge gepregelt: die Stock = Schwämme/ wie auch die Morcheln/ gehackt/ und dann mit Butter/ Ram/ Eyern/ Zwiebeln und Gewürtzen dem Geschmack und dem Magen anmutig gemacht ... Das gemeine Volck dörret die geschnittenen Piltze ab/ und kochet sie dann zum heiligen Abend sauersüß mit Essig/ Syrup und Pfefferkuchen.«* Die Suppe aus Pilzen (Schwamme) ist als typisch erzgebirgische Speise am häufigsten auf den Speisenkarten in unserer Region anzutreffen. Ursprünglich bestand die typisch erzgebirgische Schwammesupp aus möglichst selbst gesammelten Waldpilzen, unter denen die Maronen und Steinpilze dominierten. Zulässig sind auch getrocknete oder tiefgefrorene Mischpilze (keine Zucht-Champignons).

REZEPT

500 g geputzte Waldpilze/Mischpilze werden zusammen mit ausgelassenem Speck, etwas Butter und einer gehackten Zwiebel gedünstet. Nach ca. 20 min wird ein Liter Fleischbrühe aufgeschüttet und ca. 10 min leicht gekocht. Inzwischen wurden 500 g Kartoffeln in der Schale gekocht, abgeschält, in kleine Würfel geschnitten, in Butter angeröstet in die Suppe gegeben. Mit Salz und Pfeffer (typisch: auch mit etwas Zucker und Essig) abschmecken. Kann mit untergerührter Sauermilch oder ohne serviert werden. Obenauf reichlich Petersilie oder kleingeschnittene frische Fichtentriebe (Maitrieb) streuen. Ein anderes Rezept lässt die Kartoffeln weg und macht die Suppe durch Zugabe von Kartoffelstärke etwas sämig.

Schwamme-Supp (Waldpilz-Suppe süß-sauer)

STIEHWURZL-SUPP (SELLERIE-SUPPE)

Diese Speise aus Knollensellerie ist eine Herbst- oder Winter-Suppe, die für das Erzgebirge – ähnlich wie die Rüben-Suppen – typisch war. Im erzgebirgischen Volksmund wird sie wegen der ihr angeblich innewohnenden Potenz stärkenden Wirkung auch als »Stiehwurzl-Supp« bezeichnet. Diese mystische Bedeutung kommt dem Sellerie als Salat auch im Rahmen des Neunerlei (Neinerlaa) zu.

REZEPT

Eine Knolle Sellerie unter Wasser gut abbürsten, schälen, grob raspeln und mit einer geriebenen Zwiebel in 2 Essl. guter Butter nicht zu weich dünsten; mit 1 ½ Essl. Mehl bestreuen und ¾ l Fleischbrühe auffüllen, ½ l heiße Milch dazu geben und alles kurz kochen lassen; 2 Eigelb in etwas kalter Milch verquirlen und die Suppe damit binden; mit Salz, Pfeffer, Muskat und ein paar Butterflocken abschmecken.

GREIPELE-SUPP (GRAUPEN-SUPPE)

Die Graupen-Suppe gehört zur Bauernküche, dort werden die Graupen auch als eigenständiges Gericht oder als nahrhafte Sättigungsbeilage zu Graupenbrei gekocht. Mit diesem Graupengericht ist auch der Übergang von der Suppe zum Eintopf vollzogen. Damit werden sättigende, dicke Suppen meist bäuerlichen Ursprungs bezeichnet, die als vollständige Mahlzeit dienen. Hauptzutaten eines Eintopfes im Erzgebirge können verschieden Hülsenfrüchte (Erbsen, Bohnen, Linsen), aber auch Gemüse wie Kohl, Rüben, Möhren oder Kartoffeln sowie Getreideprodukte wie Graupen, Nudeln oder auch Brot sein. Je nach materiellen Möglichkeiten, individuellem Geschmack oder regionaler Tradition kommen noch Lauch, Sellerie, Zwiebeln, Fleisch, Wurst, Speck oder geräuchertes bzw. gepökeltes Fleisch dazu.

REZEPT

500 g große Graupen (auch Perlgraupen möglich) werden gründlich gewaschen und mit zerkleinertem Suppengrün (Möhre, Sellerie, Kohlrabi, Petersilie, zwei Zehen Knoblauch, eine Zwiebel) in kaltem Wasser (Produkte sollen nur bedeckt sein) ansetzen und zum Kochen bringen. Sind die Graupen im zugedeckten Top gequollen, in ca. 30 g Butterschmalz eine kleingeschnittene Zwiebel andünsten, mit einem Liter Brühe ablöschen und alles über die Graupen gießen. Aufkochen und danach 20 min ziehen lassen, mit Salz, Pfeffer abschmecken, Liebstöckel und Petersilie darüber streuen.

LINSEN-SUPPE

Nur die braunen Linsen/Tellerlinsen (es gibt noch etwa 30 andere Sorten) sind seit altersher fester Bestandteil des erzgebirgischen Heiligabend-Essens, dem Neunerlei (Neinerlaa). Wenn auch die anderen Speisen zeitlich und örtlich gewissen Varianten unterworfen sind, die Linsen finden sich immer bei diesem Traditions-Essen in allen Gegenden des Erzgebirges auf den Tellern. Dort sind sie nicht nur wohlschmeckende, süß-saure Sättigungsbeilage, sondern haben dafür zu sorgen, dass den Essern im kommenden Jahr das Kleingeld nicht ausgehen möge.

Es gab Ende des 18. Jahrhunderts Bestrebungen, auch im Erzgebirge die relativ anspruchslose Pflanze anzubauen, um ihre Samen zu ernten. Da aber der feldmäßige Anbau in anderen Gegenden (Schwäbisch Alb, Niederbayern und im Ausland) produktiver war, bezog man zu Beginn des 19. Jahrhunderts die Linsen von außerhalb. Beim Kochen von Linsengerichten ist darauf zu achten, dass das Salz immer erst nach dem Kochprozess zugefügt wird. Will man aber einen Linsenbrei herstellen, dann kann man die Linsen in Salzwasser kochen, da die Samen der Pflanze dabei zerplatzen.

REZEPT

500 g Linsen in 1 ½ Liter Wasser paar Stunden weichen lassen und im gleichen Wasser auf kl. Flamme weich kochen; 1 Teel. zerdrückte Pfefferkörner, 1 geriebene Möhre und ein kl. Stück Sellerie mitkochen; 1 Ränftel Schwarzbrot reiben und unterrühren. 2 Essl. Mehl ohne Fett unter ständigem Rühren braun rösten und etwas abkühlen lassen; dann mit wenig kaltem Wasser anrühren und an die Linsen geben, kurz aufkochen. ⅛ Pfd. Speck auslassen und darin 3 gehackte Zwiebeln und 1 Essl. Zucker rösten und mit 1 Essl. Weinessig ablöschen. 4 geräucherte Bratwürste in Scheiben schneiden und in etwas guter Butter anbraten, auf die Linsen geben und mit Pfeffer (ev. noch mit etwas Zucker u. Essig) abschmecken. Erst ganz zum Schluss mit Salz abschmecken. Wenn das Salz beim Kochen der Linsen dazu gegeben wird, platzen sie auf und werden zu Brei.

REZEPT »LINSEN-TOPP«

500 g geweichte Linsen in 1 ½ Liter Fleischbrühe zusammen mit drei in Würfel geschnittene saure Gurken und ⅛ Liter Gurkenbrühe und etwas Pfeffer ca. ½ Std. auf kleiner Flamme kochen; 150 g Speck auslassen und zwei gehackte Zwiebeln darin andünsten, zu den Linsen geben. 500 g Kartoffeln schälen, in kl. Stücke schneiden, nicht ganz weich kochen und dann unter die Linsen geben - mit Majoran und Salz abschmecken.

SAUERKRAUT-SUPPE

Das Kraut/Kohl, als das wohl bekannteste deutsche Nationalgericht, spielte zu allen Zeiten nicht nur in der Bauernküche eine große Rolle bei der Gesunderhaltung - hauptsächlich in der kalten Jahreszeit. Bekanntlich ist Sauerkraut reich an Milchsäure, Vitamin A, B, C, K und Mineralstoffen und dazu noch sehr kalorienarm, so dass es auch in die aristokratische Küche Einzug fand. Neben der Suppe sind noch weitere Kohlgerichte in die Erzgebirgsküche eingegangen, die nicht immer (z.B. bei den Krautwickeln) saures Kraut zur Grundlage haben. Im 16. Jahrhundert wurde im Erzgebirge, insbesondere rund um Annaberg, derart viel Kraut angebaut und geerntet, dass es sogar nach Böhmen exportiert werden konnte: »*Erbsen oder Schoten, Kraut, stößt man im Felde, geräth all hier wohl, und wird in großer Menge in Böhmen geführet.*« (Paulus Jenisius, Chronicon Annabergense, 1604). Das Sauerkraut ist auch in einer Variante der »Zudl-Supp« oder »Rotz-Supp« anzutreffen. Eine Sauerkraut-Suppe gilt als Muntermacher nach Zechgelagen. In manchen Orten des Erzgebirges wird sie auch als Silvester- oder Neujahrssuppe angeboten. Beim erzgebirgischen Heiligabend-Essen »Neinerlaa« symbolisiert das Sauerkraut einmal das Stroh in der Krippe des Jesuskindes oder/und bei Moritz Spieß (1862) »*damit die Arbeit leichter werde*«.

REZEPT 🍳

250 g frisches Sauerkraut (Milchsäuregärung) wird in einem Liter Wasser (oder Brühe) sowie einem Glas lieblichen Weißwein mit zwei Lorbeerblättern, Pfeffer, Majoran, Knoblauch, Kümmel und etwas Zucker weich gekocht. Eine große, geriebene Kartoffel zugeben. Kasslerfleisch und etwas Käse in kleine Würfel schneiden und untermengen. Mitunter werden anstatt des Kasslers kleine, gewürzte Hackfleischbällchen als Einlage serviert. Obenauf kommen Petersilie, gemahlener Kümmel und Majoran.

KARTOFFEL-SUPPE

Mit dem feldmäßigen Anbau der Kartoffel im Erzgebirge Anfang des 18. Jahrhunderts, nimmt auch die Zahl der Kartoffelgerichte enorm zu. Die »Ardeppl-Supp« in verschiedenen Varianten wird zum Standardgericht sowohl in der Bauern- und Bergmannsküche als auch in der Küche des Bürgertums. Selbst in der Adelsküche sind verfeinerte Kartoffelsuppen nachweisbar. Sie tritt auf in Kombination mit verschiedenen Gemüsen und Kräutern (beliebt auch mit Brennnesseln), mit Wurst, Brot, Fleisch, Fisch (auch Krebsen), in dünner und dicker Konsistenz, mit ganzen Kartoffelstückchen oder zu Brei zerkocht.

REZEPT 🍳

In 30 g Butterschmalz werden 30 g Speck und eine ebenfalls kleingeschnittene Zwiebel goldgelb angebraten. Darin 500 g geriebene Kartoffeln (geschält und gewaschen) mit 20 g Mehl, Salz, Kümmel und Majoran anbraten. Alles mit ca. einem Liter Brühe auffüllen und nochmal mit Salz, Pfeffer und Majoran abschmecken. Vereinfacht kann auch ein Kartoffelbrei hergestellt werden, unter den dann die angebratenen Produkte gemischt werden und der mit Brühe zu einer Suppe verlängert wird (es handelt sich hier um das Standard-Rezept).

Itze, wenn nu alle hungrig sei,
do kömmt ene Schüssel voll Ardäppeln rei
'n Quark dan schmiert mer mit 'n Löffel auf,
on e Topp Kaffe kömmt ubn drauf nauf.

Anton Günther, aus »Hutznlied« (1905)

KARTOFFEL-KÜCHE

AUS PERU ÜBER DAS VOGTLAND BIS ZUR
ERZGEBIRGISCHEN RAACHER MAAD VERLIEF DER WEG
UNSERER SCHMACKHAFTEN ÜBERLEBENSKNOLLE.

Obwohl das erste Kartoffelrezept im »New Kochbuch« des Marx Rumpolt bereits im Jahre 1581 veröffentlicht wurde, ist im Erzgebirge der feldmäßige Anbau der Kartoffelpflanze erst ab etwa 1710 nachweisbar. Seitdem ist auch er Begriff vom Erzgebirge als dem »Kartoffel-Land« im Gebrauch, der mit dazu beigetragen hat, dass die Speisen in unserer Region völlig zu unrecht zur »Armenküche« degradiert wurden. Bekanntlich hat die Kartoffel ihren Weg aus Franken und verstärkt aus dem Vogtland zu uns gefunden. War sie zunächst eine Adels- und Bürgerspeise, wurde sie angesichts der großen Hungersnot im Erzgebirge 1771/72 für viele eine »Überlebensknolle«. Welche wirtschaftliche, politische und auch ideologische Bedeutung die Einführung der Kartoffel für (fast) alle hatte, kann auch an Hand der »Kartoffelpredigten« in den Kirchen des Erzgebirges nachvollzogen werden, in denen sogar von den Kanzeln herunter auf die Nahrhaftigkeit, gesunde Wirkung und den küchenmäßigen Umgang mit ihr hingewiesen wurde. Von da an ist die Kartoffel in den unterschiedlichsten Speise-Varianten für alle Stände auch in den Küchen des Erzgebirges nachzuweisen.

Leider wurden im Laufe der letzten 40 Jahre – auch durch das Aussterben der Umsiedlergeneration - die böhmischen Kartoffel-Rezepte auf sächsischer Seite nahezu vergessen. Es lohnt sich aber, sie wieder verstärkt auf die Speisenkarten zu setzen und am heimischen Herd nachzukochen. Man ist dann überrascht von ihrer Vielfalt und den Variationsmöglichkeiten. Dass es sich dabei auch noch um eine gesunde und wohlschmeckende Ernährung handelt, wusste schon ein gewisses »Rauchendes Mädchen«.

RAACHER MAAD

Rauchermad/Raachermaad/Rauchermod (Rauchendes Mädchen): Auch bei unterschiedlicher Schreibweise handelt es sich immer um einen einfachen Kartoffelkuchen, oder eine spezielle Art eines großen Klitschers. Es wird die sächliche Form gewählt: DAS Raachermaad! Im historischen Original besteht es ausschließlich aus gekochten Kartoffeln (fertiger Kartoffelkloßteig aus dem Supermarkt, wie er leider heutzutage mitunter in der Gastronomie verwendet wird, führt aufgrund der fehlenden Struktur der Kartoffelmasse zu Verfälschungen des Originalrezeptes). Es ist eine Speise aus der erzgebirgischen Bauernküche (die im Vogtland einst als »Nackte Maadle« bekannt war), die auch übrig gebliebene gekochte Kartoffelreste verwertet: Leicht abgekühlte Kartoffeln werden gerieben und mit etwas Salz vermengt.

Mancherorts werden zwei Eier eingearbeitet. Danach wird die Masse mit den Fingern fest in eine gusseiserne Pfanne (oder auf ein Kuchenblech) gedrückt, die vorher mit Leinöl eingerieben wurde (auch mit Griebenspeck möglich). Raachemaad wird nur auf der unteren Seite braun gebraten. Man darf es aber nicht verbrennen lassen sonst »fängt's a weng' ze raache a«. Da die Küchenmädchen vermutlich auch mal das Kartoffelgericht anbrennen ließen, könnte der Name auch von daher rühren. Die Speise wird mit der braunen Seite nach oben auf einen Teller gestürzt, entweder mit Leinöl bestrichen (herbe Variante), oder mit Staubzucker bestreut bzw. mit Apfelmus serviert. In manchen Orten des Erzgebirges wird das »Rauchende Mädchen« mit Butterflocken (Schminkerle) belegt.

REZEPT 👨‍🍳

Ein Kilogramm Kartoffeln waschen, kochen, schälen und etwas abkühlen lassen; dann die Kartoffeln reiben oder zerstampfen und mit Salz abschmecken; in eine Eisenpfanne - die mit Leinöl ausgestrichen wurde - etwa daumendick die Kartoffelmasse leicht eindrücken und bei mittlerer Hitze (ohne zu wenden) in der Röhre golden backen lassen; das Raacher Maad auf einen Teller oder Brett stürzen, mit Leinöl oder/und zerlassener guter Butter bestreichen und noch warm servieren. In manchen Orten wird ein Kompott von Waldbeeren oder Apfelmus dazu gegessen.

Aardäppelgetzen, Raacher Maad,
griene Kließ – aah e Fraahd! -
gibt´s bei uns is ganze Gahr,
sei de Aardäpp net ze rar!

Kimmt e Ma ne Bargel ra,
hot gewichste Stiefeln a,
bäckt mei Mutter Hefenkließ,
kimmt dr Rupprich ganz gewiß!

(Überliefert, westliches Erzgebirge um 1900)

Aufläufe von Erdäpfeln

Auch die böhmische Erzgebirgsküche kennt Gerichte, die unserem Raacher Maad ähneln, aber als süße und wesentlich inhaltsreichere Kartoffelspeisen bekannt sind. Die böhmische Köchin Magdaléna Dobromila Rettigová nennt 1826 zwei Varianten ihrer »Erdäp-fel-Aufläufe«. Aus dem südlichen böhmischen Erzgebirge (bis hinunter nach Eger) ist der Dotsch (gesprochen Dootsch) als ein Kartoffelgericht bekannt, das entfernt mit unserem Raacher Maad verwandt ist:

REZEPT: AUFLAUF VON ERDÄPFELN 1

Treibe 140 Gramm Butter ab, schlage darein 10 Dotter, gib dazu 210 Gramm gekochte, auf dem Reibeisen geriebene Erdäpfel, 90 Gramm gestoßenen Zucker, von einer halben Lemonie die Schale, ein bischen Muskatenblüte, treibe es eine Viertelstunde ab, dann verrühre darein von 4 Eiweiß den Schnee, schmiere die Form mit Butter und streue sie mit geriebener Semmelrinde aus, gieße es hinein und laß es schön goldgelb backen; hernach stürze es, betreue es mit Zucker und trage es zur Tafel.

REZEPT: AUFLAUF VON ERDÄPFELN 2

Zerreibe 8 gekochte Erdäpfel, gib sie auf die Schüssel, verrühre darin nach und nach 6 Eidotter, 105 Gramm gestoßenen Zucker, von einer halben Lemonie die kleingeschnittene Schale, 35 Gramm geriebene oder gestoßene Mandeln und zuletzt den Schnee von 6 Eiweiß, gieße es in eine mit Butter ausgeschmierte und mit gerieben Semmel ausgestreute Form, stelle sie in die Röhre und laß es langsam backen, dann stürze es, bestreue es mit Zucker und trage es zur Tafel.

REZEPT: DOTSCH

Dazu reibt man ca. 1 Kg Kartoffeln und lässt das Kartoffelwasser ablaufen. Die sich absetzende Kartoffelstärke gibt man später wieder dazu. Saure Sahne, Milch, Salz und Kümmel werden unter den Teig geknetet. Dieser wird dann in eine gefettete Pfanne, die vorher mit Brösel bestreut wurde, gedrückt und ausgebacken. Dann gestürzt, gebuttert und in breite Streifen geschnitten. Ähnlich werden auch die »Labanter Getzn« hergestellt, nur wird dort anstelle von Kartoffeln gesiebtes Mehl genommen.

Ardäppln/Kartoffeln mit Quark und Leinöl

Es handelt sich hier um das am weitesten verbreitete Bauerngericht, das auch in der bürgerlichen Küche anzutreffen ist: Ein Kilo kleine Kartoffeln mit der Schale kochen (Pellkartoffeln), in einer Schüssel heiß auf den Tisch bringen und dazu: 500 g Quark mit etwas Milch sahnig rühren, eine gehackte Zwiebel, etwas Kümmel, Pfeffer und Salz unterrühren; Quark auf den Tellern verteilen und in eine kl. Vertiefung Leinöl geben. Mitunter werden noch Butterstückchen und reichlich Friesrich (Schnittlauch) dazu gereicht.

Un wenn ich zu se Rocken gieh,
wos gibt's do net ze lachen!
Do tu mer über dan un die
uns aah racht lustig machen
un trinken Kaffe, assen Kließ
derzu – dos fraht enn aah gewieß.

Aa hobn sich of de Ufenbank
de Bossen higeflaamelt,
do lacht mer sich all orndlich krank,
wos do werd haargeschwaamelt.
Oft broten mer, zer Lust aah när,
Ardäppelklitscher in dr Rähr.

Christian Gottlob Wild (1785 Johanngeorgenstadt – 1839 Breitenbrunn),
aus: »De Klippelmad« (1815)
Mitbegründer der erzgebirgischen Mundartdichtung, Pfarrer, Schriftsteller, Dichter.

GOLDENE KLITSCHER

500 g gekochte Kartoffeln werden zerquetscht und mit 500 g Quark, 150 g Mehl und zwei Eiern vermengt, mit Salz abschmecken. Handtellergroße, fingerdicke Klitscher formen und in Öl oder Schmalz auf beiden Seiten »golden« ausbacken und mit Apfelmus noch heiß essen.

REZEPT VARIANTE 1

500 g rohe, geschälte Kartoffeln in kaltes Wasser reiben, leicht ausdrücken und mit drei Eiern, etwas Salz, 250 g kleingeschnittener Knackwurst und 125 g kurzgeschnittenem Sauerkraut vermengen; Klitscher formen und in einer gefetteten Pfanne (auch Leinöl) von beiden Seiten knusprig backen.

REZEPT VARIANTE 2

Ein Kilo rohe, geschälte Kartoffeln in kaltes Wasser reiben und danach leicht ausdrücken: mit 125 ml Buttermilch, zwei Eiern, einer fein gehackten Zwiebel, drei Esslöffeln Zucker und einer Prise Salz vermischen. Klitscher formen und in der Pfanne knusprig braten, mit Zucker bestreuen oder mit Apfelmus servieren.

GETZEN/GETZN

Der Begriff »Getz(e)n« ist nach seiner Herkunft nicht gänzlich zu klären. Ob er auf Grund seiner Schmackhaftigkeit einst die »Anbetung« wie die eines Götzen (»Eines Wesens, das wie eine Gottheit verehrt wird«) erfuhr, oder ob ein Koch namens Götz (mundartlich: Getz) der »Erfinder« dieses Kartoffelgerichtes war, behält die Geschichte vorerst noch als ihr Geheimnis zurück. Getzen sind variantenreiche Kartoffelgerichte, die sich in solchen Zeiten im Erzgebirge entwickelt haben, in denen man sich Fleischmahlzeiten nur selten leisten konnte. Die bekanntesten unter ihnen sind die Buttermilch-Getzn. Für das Grundrezept wird eine Masse aus geriebenen, rohen Kartoffeln und Buttermilch bereitet. In manchen Gegenden werden dieser Masse zusätzlich geriebene gekochte Kartoffeln zugefügt. Die Masse wird gesalzen und je nach Rezept mit Zwiebel, Pfeffer oder Kümmel gewürzt, dann in Speck, Butter oder Leinöl im Backofen oder einer gusseisernen Pfanne (Getzn-Pfann) gebacken. Eventuell wird die Masse beim Ausbacken auch mit ausgelassenem Speck oder gebratenen Bratwurst- oder Knackwurststücken belegt. Zu den Buttermilch-Getzen reicht man ein Kompott: Preiselbeeren, Schwarzbeeren oder Apfelmus. Original-Getzen sind ohne Mehl, Backpulver und Eier herzustellen.

Eine Ausnahme sind die Heidelbeergetzen/Hedlbaargetzn, die keine Kartoffeln enthalten: Aus Mehl, Eigelb, Milch, Salz und etwas Zucker wird ein Teig bereitet. Auf die Masse kommen die Heidelbeeren. Das ganze wird im Backofen oder in einer Getzenpfanne gebacken und vor dem Servieren mit Zucker und Zimt bestreut. Ohne die Früchte entstehen die Mehlgetzen/Mahlgetzen. Wenn die mit gebratenen Speckwürfeln und Zwiebeln angereichert werden, gibt es die Speckgetzen/Spackgetzn.

Eine weitere Variante sind die Grünen-Getzen, die nur aus geriebenen rohen Kartoffeln und etwas Salz bestehen. Aber auch hier können Speckwürfel und angeröstete Zwiebeln unter gegeben werden. Ohne Zwiebel und Speck werden die Grünen-Getzen mit Zucker bestreut. Im böhmischen Raum waren die Semmelgetzen (oder Brösel/Breeselgetzn) beliebt, die kein Mehl, dafür aber geschnittene und geröstete Weißbrotwürfel verwendeten. Wenn ein solcher Getze dann mit Speckwürfel angereichert wurde, sprach man vom Zeppel- oder Zippelgetzen.

Auch im böhmischen Erzgebirge sind Getzen-Rezepte bekannt, die auf Kartoffeln und Mehl sowie Hefe basieren (z.B. Labanter Ge(t)zn) und nach dem Braten in breite Streifen geschnitten oder in handtellergroße Stücke gerissen werden (ähnlich wie der k.u.k. Kaiserschmarren).

REZEPT 👨‍🍳

Ein Kilo rohe, geschälte Kartoffeln reiben und etwas ausdrücken. 500 g gekochte, geschälte und abgekühlte Kartoffeln reiben oder zerquetschen, mit einer kräftigen Prise Salz und reichlich 250 ml Buttermilch zu einem dickflüssigen Brei vermengen. Entweder in drei Esslöffel guter Butter oder in ausgelassenem Speck die Masse fingerdick und rund in einer Eisen(Getzen)pfanne ausbacken; dazu Beerenkompott reichen.

Variante: 750 g rohe, geschälte Kartoffeln reiben, leicht ausdrücken, mit einer gehackten Zwiebel, Salz, Pfeffer und reichlich gestoßenem Kümmel sowie 500 ml Buttermilch mischen; 400 g Speck auslassen und davon die Hälfte unter die Kartoffelmasse geben.

Alles nun in eine gefettete eiserne Pfanne tun und die andere Hälfte vom Speck obenauf verteilen; in der Röhre goldbraun backen; mit Schwarzbeer-, Heidelbeer- oder Blaubeer-Kompott reichen.

Es gibt Eiergetzn, es gibt Sammelgetzn,
es gibt Schwammegetzn, es gibt Beergetzn,
obr Moozgetzn* gibt's halt aah...

Es gibt Sommeräppl, es gibt Winteräppl,
es gibt Strudläppl, es gibt Weihnachtsäppl
obr Holzäppl gibt's halt aah.

*moozen – viel reden, quasseln, rummoozen,

Reinhold Illing (1884 Kupferberg – 1971 Merkstein) aus »Wo's bei uns gibt

RÖHRENKUCHEN/RÄHRNKUCHN/KLITSCHER

Im böhmischen Erzgebirge nannte man das Gericht auch »Stoppelfuchs«, was möglicherweise einen Bezug zum erzgebirgischen »Stoppelhah« (siehe auch dort) - Erntehahn herstellt: Die letzte Garbe, letzte geerntete Kartoffel und die damit verbundene Bewirtung der Arbeiter/Bauern mit Reibekuchen, nachdem der letzte Kartoffelstrauch mit anhängenden Kartoffeln ins Haus gebracht war. Im böhmischen Erzgebirge heißt die Speise ebenfalls Dotsch (Dootsch, siehe oben) oder Datschi, möglicherweise beeinflusst vom bayerischen Reibert(d)atschi.

REZEPT 🍳

Ein Kilo Kartoffeln waschen, schälen und reiben, mit 250 g Mehl, drei Eiern und einer Prise Salz vermengen und gut durcharbeiten; den Teig in einen gefetteten Eisengusstiegel streichen und goldbraun backen, mit zerlassener guter Butter bestreichen und mit Zucker bestreuen (oder in einem anderen Rezept mit Honig bestreichen). Wenn Honig und Zucker weggelassen werden und die Kartoffelmasse aus rohen Kartoffeln besteht, handelt es sich um Kartoffelpuffer (Griene Klitscher).

Es ist aber auch noch ein anderes »Stuppelhah«-Rezept aus Drebach bekannt: Nach Abschluss der Kartoffelernte gab es grüne Klöße (aus rohen, geriebenen Kartoffeln, Ei, wenig Milch, Butter und Salz), die gekocht wurden und anschließend in einer heißen Milchsuppe, die mit Butter und Salz abgeschmeckt, serviert wurde.

Ardeppln sei bei uns bekannt in Dorf un in dr Stadt,
wie im Gebarch, su aah im Land als wahre Hauswuhltat.
Ardeppln sei aah werklich gut, mr macht Verschiedns draus
un hätt mr kaane Ardeppln, do seh´s fei traurig aus.

Refrain:
Ardeppln sei für uns e Glück,
Ardeppln machen gesund un (uns net) dick.
Ardeppln sei drim in dr Tat
für uns ´ne wahre Hauswuhltat.

War immer Falasch ist, der werd krank, su is aah mit dr Worscht,
dos Haringzeich macht viel Gestank un ubndrei grußn Dorscht.
Doch ißt mr Ardeppln, do blebt mr gesund un stark,
mr darf när net ze sparsam sei mit Butter un mit Quark.
Aus Ardeppln, do kocht mr Brei un Knödln – ach, herrjeh!
Mr ißt se su, mr schnedt se ei, mr ißt se zen Kaffee;
macht Puffer draus un Buzala* un Ardeppelsalat;
doch alles schmeckt noch net su gut als wie de Raachermaad.

Im Harbst hackt nu Gruß un Klaa Ardeppln garn aus;
mit Körb un Säck, mit Putt un Hah** gieht´s of de Faldr naus.
´s werd Feier gschürt un Ardeppln legt mr in haaßer Glut;
wenn die racht schie gebrotn sei, dann schmeckn se erscht gut.

*Buzla – kleine Plätzchen aus Kartoffelteig (gebraten oder gekocht)
**Putt un Hah – hölzerne Kiepe und Kartoffelhacke

Reinhold Illing (1884 Kupferberg/Měděnec – 1971 Merkstein), aus: »Ardeppl-Lied«
Sohn eines Posamentierers, Erzgebirgsdichter und Liedkomponist aus dem böhmischen Erzgebirge, Wanderschaft mit Preßnitzer Musikkapelle durch mehrere Länder.

SCHUMACHER-/SCHUSTERPFANNE

Nicht zu verwechseln mit der sächsisch-thüringischen Schusterpfanne, die u.a. aus Schweinekamm, Kartoffeln, Kochbirnen, Zwiebeln, Kümmel, Knoblauch besteht. Die erzgebirgische wird wie folgt zubereitet und daher eher dem so genannten »Bauernfrühstück« entspricht:

In einer eisernen Pfanne werden Speckstreifen glasig gebraten, mit dünnen Scheiben roher Kartoffeln belegt, mit Majoran, Kümmel, Pfeffer und Salz würzen, dann vier Eier mit einer Prise Salz verquirlen und über die Kartoffeln geben. In der Röhre backen. Vor dem Servieren noch einmal mit Majoran, Kümmel und Knoblauch würzen.

FRATZEN

Nach Herkunft des Wortes dürfte es sich um so was wie liebenswert freche Kinder handeln, die Fratzen machen.

REZEPT 🍳

In ein Kilo rohe geriebene Kartoffeln werden 200 g angeschwitzte Zwiebelwürfel und 250 g zerlassener Speck untergeknetet, mit Kümmel, Salz, Pfeffer und Knoblauch würzen. Kleine Klöße zu Fratzen plattdrücken und in Schmalz oder Leinöl ausbacken.

KARTOFFEL-QUARK-KÄULCHEN/QUARKLIESSLE

Aus gekochten Kartoffeln wird mit Mehl, Eiern, Zucker und Quark (ev. auch mit etwas Vanillezucker, Rosinen und Zitronenabrieb) eine Masse hergestellt, die zu Käulchen (ethymologisch von Käule=Kugel) geformt werden. Sie werden entweder in heißem Öl (frittiert) oder in der Röhre (bei mehrfachem Wenden) ausgebacken und mit Staubzucker bestreut serviert.

KOLATSCHEN

Ein altes böhmisch-sächsisches Gericht, das mit und auch ohne Kartoffeln zubereitet wird. Typischer ist das mit Kartoffeln.

Diese Kolatschen gehörten auch zur Lieblingsspeise Johann Wolfgang von Goethe, wenn er sich zur Kur in Böhmen aufhielt.

REZEPT

Einen Teig aus 400 g Mehl, 200 g gekochten, geriebene Kartoffeln, ein Päckchen Vanillezucker, 300 ml Milch, in der 20 g Hefe aufgelöst wurde, vermischen und etwa 15 Minuten gehen lassen, dann 30 g zerlassen warme Butter (nicht heiß!) und ein Ei dazu geben. Den Teig gut durcharbeiten, etwa 30 Minuten gehen lassen. Anschließend auf einem bemehlten Brett ausrollen und gleichmäßige Vierecke schneiden. Einen kleinen Klecks Beerenkonfitüre in die Mitte des Vierecks geben, die Ecken darüber gut zusammendrücken. Auf ein gefettetes Blech legen und noch einmal 15 Minuten gehen lassen. Mit verrührtem Eigelb bestreichen und in der vorgewärmten Röhre backen. Mit Puderzucker bestreut noch warm essen.

GEFÜLLTE KEILBERG-KARTOFFELN

Dieses Rezept ist von einer deutsch-böhmischen Familie (Freidel Wiese) 1930 im Keilberg-Restaurant gegessen und dort notiert worden.

REZEPT

Acht bis 10 Kartoffeln (festkochende) in der Schale bissfest kochen. Der Länge nach aufschneiden und mit einem Löffel aushöhlen. Die ausgehöhlte Kartoffelmasse mit 20 g Butter und 200 g Roquefort (besser: Aberthamer-Käse) vermischen. 50 g Bauchspeck rösten, zwei Zehen Knoblauch mit anrösten und mit Salz und Pfeffer unter die Masse kneten. In die ausgehöhlten Kartoffeln füllen, auf ein gefettetes Blech legen und noch einmal in der Röhre kräftig durchbacken. Beim Servieren mit Petersilie oder Schnittlauch bestreuen.

KARTOFFEL-DALKEN

Böhmisch-erzgebirgische Dalken/Talken (auch in der Verkleinerungsform Dalkerln) haben ihren Namen vom tschechischen Wort »vdolky« (kleine Mulde), was sich auf die Pfannenform mit den kleinen Mulden zum Ausbacken der Dalken bezieht. Die Kartoffel-Dalken unterscheiden sich von Hefe-Dalken dadurch, dass sie ausschließlich mit Kartof-

feln zubereitet werden, aber auch zu den typischen böhmisch-sächsischen Süßspeisen gehören. Eine Besonderheit stellen die Krauttalken der böhmischen Köchin Rettiková dar. In diesem Original-Rezept kann auch an den Namen der Zutaten der Einfluss seitens der österreich-ungarischen Küche studiert werden.

REZEPT KARTOFFEL-DALKEN

Ein Kilo Kartoffeln in der Schale kochen, abpellen und reiben. 200 g Mehl zugeben und langsam zwei Eier einarbeiten. Den Teig in gleich große Stücke teilen und zu kleinen bemehlten Fladen ausrollen. Auf der Herdplatte, in der Pfanne oder im Ofen zunächst trocken backen, danach noch einmal in einer Pfanne mit heißem Schmalz knusprig ausbraten. Die Dalken dann dick mit Powidl (Pflaumenmus) bestreichen, zusammenrollen und servieren.

REZEPT KRAUT-DALKEN

Hacke ein Krauthäupel ganz klein, gib auf ein Reindel (Tiegel, kleiner Topf) ein Stück frische Butter, lege das Kraut darein, salze es, lasse es weich dünsten und würze es mit Pfeffer und wenig gestoßenen Kümmel, wenn es weich ist, laß es auskühlen. Das Kraut kannst du auch nach Belieben süßen und Schmetten (Sahne) nachgießen, Pffer und Salz gebe jedoch in diesem Fall zuletzt, damit das Kraut nicht gerinnt. Den Teig mache wie folgt: In 4 Deciliter süßen Schmetten schlage 2 oder 3 Dotter, quirle es ab gib dazu 140 Gramm zerlassene Butter, gieße es in 1 Kilo feinen Mehles, gib dazu aufgelösten Germ (Hefe), ein wenig gestoßenen Zucker, arbeite den Teig recht ab und laß ihn gähren, dann salze ihn und würze ihn ein bischen mit Muskatenblüte; hernach gib den Teig auf ein Nudelbrett und mache daraus dünne Blättchen so groß, als du die Talken haben willst, bestreiche immer ein Blättchen mit dem Kraut auf einen Finger dick, lege ein zweites Blättchen darüber, rundum drücke es recht fest zusammen, und fahre so fort, bis der Teig und alles Kraut verbraucht ist und lasse die Talken ein wenig aufgehen, dann schmiere ein Blech mit Butter, lege die Talken darauf, schmiere sie mit zerlassener Butter und laß sie schön gelblich backen, kehre sie jedoch beständig um und schmiere sie immer mit Butter; wenn sie gebacken sind nimm sie vom Blech, schmiere sie nochmals mit Butter und trage sie lauwarm auf. Am besten werden sie in Butterschmalz gebacken.

REZEPT KARTOFFELNOCKEN (tschech. Škubánky)

Ein Kilo geschälte Kartoffeln vierteln, mit kochendem Wasser übergießen und nicht zu weich kochen. Das Kochwasser in einen anderen Topf gießen, die Kartoffeln stampfen, die Oberfläche glatt streichen und mit einem Stiel etwa fünf bis acht Löcher bis zum Topfboden durchstechen. 150 g Mehl in die Löcher verteilen und etwa die Hälfte des heißen Kochwassers hinein gießen. Den Topf zudecken und ca. 20 Minuten an warmer Stelle stehen lassen, damit das Mehl durchdämpft wird. Dann alles zu einem glatten Teig verarbeiten und salzen. Mit einem in heißem Schmalz getauchten Esslöffel Nocken abstechen und auf vorgewärmte Teller legen. Mit Mohn und Zucker oder mit geriebenem Pumpernickel bestreuen. Das restliche heiße Schmalz darüber geben. Reste der Nocken können in Schmalz ausgebraten werden.

In vielen Familien werden die Klöße mit in Butter angerösteten Brötchenwürfeln - den »Reesteln« gefüllt.

Kloß- und Knödel-Küche

Die Serviettenknödel kommen aus Sachsen
und hiessen dort einst Sackkuchen.
Die böhmischen Knödel sind im sächsischen
Erzgebirge kaum noch wegzudenken.

In Bayern und Österreich bezeichnet man auch unsere Klöße (erzgebirgisch-vogtländisch-thüringer) als Knödel. Klöße sind immer runde, aus Kartoffeln oder Mehlteig hergestellte Kugeln, die in heißem Wasser gekocht (vereinzelt auch in der Röhre gebacken) werden. Böhmisch-erzgebirgische Knödel können ebenfalls aus gekochten Kartoffeln hergestellt werden, sie bestehen aber überwiegend aus einem Mehl- oder Hefeteig, der in Rollen geformt nach dem Kochen mit einem Faden in Scheiben geschnitten wird (»Kreppsohlen«, zum besseren Aufsaugen der Soße).

Ein Vorläufer der Klöße, insbesondere der Serviettenklöße, dürfte der so genannte Sackkuchen gewesen sein. Darüber wird in einem der ältesten handschriftlichen Kochbüchern Sachsens berichtet:
»Nim ein Köpgen voll Eyer vnnd ein Köpgen voll milch, quirls inn einnen Topf mehl drein daß der Löffel drinne stehet, nim ein weiß leinen Secklein, geuß denn teig dreinn, khnupfe es feste zue, der sack mus kaum halb voll sein, sonst bricht er auf.

Setze inn ein Tiegell wasser vbers feuer, wanns seut, so lege denn sack mit dem teigk drein, laß in woll sieden, nim inn herauß, thu denn Sacke herab, schneidt feine lange stueklein draus, backe es lanngsam, es wirdt gut.«
Aus: »Köstlich Küchenbuch nach Meißnischer Art«, 1571

In der »Oekonomischen Encyklopädie« des Johann Georg Krünitz wird die Zubereitung des sächsischen Sackkuchens, der auch im Erzgebirge anzutreffen war, im Jahre 1821 dann so beschrieben:
»Man mache einen Teig von gutem Weizenmehl, 6 Eiern, eben so viel Eierschalen voll guter Milch und Rosenwasser so dick als ein Straubenteig; dann solchen gesalzen, in ein Säckchen gethan, dieses in siedendes Wasser gehängt und darin ungefähr eine Viertelstunde sieden lassen; hierauf aus dem Säckchen wieder herausgenommen, viereckig geschnitten und hin und wieder kleine Schnitte darein gemacht. Jetzt werden diese Stückchen, der geschnittene Theil gegen den Boden der Pfanne gekehrt, in Schmalz langsam gebacken. Den übrigen Teig läßt man so lange in dem warmen Wasser, bis er gleichfalls nach und nach aufgelaufen ist und ausgebacken werden kann. Man kann auch kleine Rosinen darunter rühren.«

Is Sunntig oder Feiertog, muß gaabn fei grüne Kließ.
E Sunntig oder Feiertog, un uhne Grüne Kließ,
wär für miech kaaner.
Un ich sog:
Ich well de Sunnting ze Mittog un aah an geden Feiertog
enn Topp vull grüne Kließ.

Mach, Mutter, hul Aardäppeln rei, ich schäl un reib der sche.
Waß doch, wos fer Arbit macht, un ho der´scht aah noch net verdacht,
wenn mannigsmol de zu mer sast:
Muß dä an geden Sunntig sei, doß güne Kließ gibt? Un derbei
aaß mol wing spreißeln tatst.

Wos annere gern assen mögn, is dan ihr Sach, gieht miech nischt a.
Un ganz gewieß gibt's allerhand, du liebe Zeit, un vielerlaa,
wos gut un wos aah teier is.
Doch haste mer net aufgetischt mei Leibgericht, zählt alles nischt,
iech lob mer de grünn Kließ.

Inusse ja. Bluß grüne Kließ, nischt annersch noch derzu,
gäng net gut a, dos waß ich schu, un bi der aah net bies,
brengst de derzu enn Schweinebroten, Gepökeltes un Geraachertes,
mit Sauerkraut, dos is fei wos, an libbsten Gänsebroten.

Un wenn´s net is, wenn mer´sch net ka, sich su wos ze verginne,
is aah wetter nischt, ka´s halfen nischt, nort macht mer aabn wos annersch na.
E Spacktunk oder e Zwiebelbrüh, e Worschtsupp, die schmeckt aah ganz schie.
Fer´n Sunntig ober de Hauptsach is der Topp vull grüne Kließ.

Ernst Philipp Weigel, Künstlername Emmler, Ernst,
(1878 Raschau – 1948 Leipzig),
aus: »Grüne Kließ« (1910), war promovierter Volkswirt
(Dissertation »Das sächsische Sibirien«, 1909), Heimatforscher und Mundartdichter.

KARTOFFEL-KLÖSSE

DAS HISTORISCHE BÖHMISCH-ERZGEBIRGISCHE REZEPT VERLANGT

500 g Kartoffeln kochen, kalt reiben, dazu 100 g Grieß, 100 g Kartoffelstärke, ein Päckchen Backpulver, Salz und ein Ei zu einem geschmeidigen Teig verarbeiten. Drei Semmeln in kleine Würfel schneiden und in Butter rösten. Aus dem Teig acht bis zehn Klöße formen und in die Mitte jeweils geröstete Semmelwürfel drücken. Die Klöße in ganz leicht simmerndem Wasser nicht kochen, sondern 20 Minuten offen ziehen lassen.

UNSER TIPP

Anstelle der Semmelwürfel können die Klöße z.B. auch mit Pflaumen, Powidl (Pflaumenmus), Marillen oder Aprikosen gefüllt werden. Dabei werden dem Kloßteig 50 g Zucker beigefügt. Die Klöße werden vor dem Servieren mit in brauner Butter gerösteten Semmelbröseln überzogen. Beim Verzehr die Klöße nicht schneiden, sondern aufreißen!

Knödel (Knedlíky)

Die typischen Böhmischen Knödel (Mehl, Wasser, Salz und Triebmittel) sind seit dem 18. Jahrhundert auch auf der sächsischen Seite des Erzgebirges nachzuweisen. Um 1730 ist die Knödelkultur im sächsischen Erzgebirge durch die aufkommende Kartoffelküche verdrängt, aber nie gänzlich vergessen worden. Erst mit den deutschen Aussiedlern aus Böhmen konnten sich die Knödel – auch in verschiedenen Varianten – wieder in unserem Raum ansiedeln. Im Zuge des zunehmenden Grenzverkehrs - erst zwischen DDR und ČSSR, und dann seit 1989 zwischen Deutschland (Sachsen) und Tschechien (Böhmen) - ist auch auf sächsischer Seite des Erzgebirges eine Knödelküche entstanden, die sich in nahezu allen Landgasthöfen bzw. Gasthäusern mit typisch erzgebirgischen Gerichten präsentiert. Anderseits ist eine so ausgeprägte Kartoffelküche, wie sie im sächsischen Erzgebirge vorhanden ist, auf böhmischer Seite nicht anzutreffen, dort überwiegen die Knödel weiterhin landesweit als das böhmische Nationalgericht.

Es folgt hier das Grundrezept für die historischen Böhmischen Knödel, dass z.B. mit gerösteten Semmelwürfeln zu Semmelknödel entwickelt werden kann. Weitere Varianten wären dann noch die Serviettenknödel, die sowohl aus dem Renaissance-Sackkuchen als auch aus der österreichisch-ungarischen Küche den Weg in die böhmische gefunden haben, aber dort nur noch selten anzutreffen sind.

Wichtig ist, dass die Knödel immer in einem großen Topf gekocht werden, da sich ihr Volumen verdreifacht, und dass die fertigen Knödel stets mit einem gekreuzten Faden (nicht mit Messer) geschnitten werden müssen, damit die Oberfläche (»Kreppsohle«) für die Sauce saugfähig bleibt.

REZEPT

Ein Kilo Mehl mit zwei Eiern und zwei Teelöffel Salz in eine Schüssel geben. Ein Päckchen frische Hefe mit einem Teelöffel Zucker im 300 ml warmen Wasser auflösen. Dann die Mischung zu dem Mehl geben. Den Teig kneten. Er darf nicht zu wässrig oder zu trocken sein. Eventuell noch etwas Mehl oder Wasser zugeben.

Den zugedeckten Teig an einem warmen Ort gehen lassen, bis sich die Menge etwa verdoppelt hat. Mit einem Messer aus dem Teig vier gleich große Teile schneiden. Aus jedem Teil eine Rolle (Knödel) formen. Die Knödel sollten ungefähr gleich dick und gleich groß sein. In einem großen (!) Topf voll Wasser salzen und zum Kochen bringen. Die Knödel hinein geben und 20 bis 25 min kochen, ab und zu wenden. Die fertigen Knödel noch heiß mit Hilfe eines kreuzweise angesetzten Fadens in Scheiben schneiden.

Bei den Servietten-Knödeln wird unter den Teig noch das geschlagene Eiweiß von drei Eiern gegeben. Die Teigrollen werden einzeln in eine mit kaltem Wasser angefeuchtete und ausgedrückte Stoffserviette eingerollt, zugebunden und für ca. eine Stunde in permanent leise kochendem Wasser sieden lassen. Nach dem Auswickeln ebenfalls nur mit Faden in fingerdicke Scheiben schneiden. In guter Butter ausgebraten, schmecken die Knödel als »Gebackene Knödle« auch am nächsten Tag noch ganz vorzüglich.

Ka's denn wos Bessersch gaabn
als wie gebackene Knödle?
Mer lackt de Händ on de Finger ernooch
als wie de Katz de Pfötle.

's gehärt fei gar net viel derzu,
e paar Ardäppel, Quark on Butter,
e wing Grieß on e paar Rosining drauf,
dos is es beste Futter.

Gebackene Knödle on Preißelbeer
on e Topp Kaffee schmeckt jeden,
's Wasser laaft ann in Maul schu z'samm,
härt mer när e Mol derva reden.

On denkt mer dra, fängt schu der Mogn
ve Freiden a ze bromme,

drüm loß mer aah in Arzgbirg
über gebackene Knödle nischt komme.

Anton Günther, aus: »Gebackene Knödle« (1901)

Heu-Küche

»Es hat die gütige Natur so viele balsamische,
immergrünende Gewächse in diesem Gebirge
nicht umsonst gepflanzet...«

(Christian Lehmann, 1699)

Das Kochen und Braten mit Heu gehört im Erzgebirge zu den fast vergessenen Zubereitungsmethoden. Sowohl in der sächsischen Bauernküche als auch in der bürgerlichen Küche des 17. und 18. Jahrhunderts wurden zu Festtagen oder zum Erntedank Gerichte mit Heu zubereitet. Insbesondere Wildfleisch, aber auch Rind, Lamm und Schwein. Geräucherter Schweineschinken ist über mehrere Tage in warmen Heu gegart worden und hat dabei ein besonders feines Aroma ausgebildet. Bereits in den Klosterküchen des Erzgebirges sind vereinzelt Rezepte mit Heu und getrockneten Kräutern als Basis für Fleischgerichte anzutreffen.

Der Chronist Paulus Jenisius fordert 1604 dazu auf, die Blumen und Kräuter der Erzgebirgsflur stärker zu beachten und zu nutzen: »*Weil dieselben mehrentheils gemein, und sonst allerhand Orten wachsen, werden solche alhier wißentlich übergangen, und nur etzliche, welche umb benachbarte Gegend befindlich, erzehlet, alß da sind: Kleine und große Maßliebchen, Zaucken, Freysamkraut, Dosten, Wohlgemuth, Haselwurz, beym Wolkenstein Natterwurz, Bardillen, Braunurz, wilde Angelick, Sonnentaw stehet in den Wiesen untern Scheibenbergk, in großer Menge. Biebernell, gemein Baldrian, klein Baldrian, ist umb den Bärenstein gemein...*«.

Und Pfarrer Christian Lehmann fordert in seinem »Schauplatz...« 1699 dazu auf, diese Erzgebirgsnatur mit in den Lebensplan, zu dem auch die Speiseplanung gehört, einzubeziehen, indem er schreibt: »*Es hat die gütige Natur so viele balsamische immergrünende Gewächse in diesem Gebirge nicht umsonst gepflanzt..., denn wir könnten des teuren Tees und anderer kostbaren fremden Gewürze wohl entrathen, wenn wir unsere gebirgischen aromatischen Kräuter, Wurzeln, Samen und dergleichen besser kennenlerneten.*«

Im 18. Jahrhundert korrespondierte diese Küche intensiv mit der Kräuterküche, die, insbesondere während der Aufklärungsbewegung, unter den sich gesundheitsbewusst ernährenden Bürgern auch in unserem Raum verbreitet war. Rückbesinnungen auf die einfache aber gesunde Kloster- und Bauernküche fanden damals statt. Die Verbindung mit den Produkten der heimischen Natur rückte wieder stärker in den Mittelpunkt, auch als eine Gegenbewegung zur überzüchteten und überwürzten (auch teuren) Prestige-Küche des Barock.

Die Heuküche ist in drei Varianten anzutreffen: Einmal wird als Grundlage bestes Wiesen/Gras-Heu benutzt, zum anderen wird bewusst Wiesen/Blumen-Heu eingesetzt, und schließlich wird das Wiesen/Gras-Heu mit Wildkräutern angereichert.

Bei der Verwendung von Heu ist darauf zu achten, dass es trocken, sauber, ungedüngt, pestizidfrei, straßenfern, am besten ökologisch angebaut ist. Bekanntlich »schmeckt« jede Wiese anders.

Diese unterschiedlichen aromatischen Qualitäten, die sich aus der jeweiligen botanischen Zusammensetzung ergeben, haben durchaus Einfluss auf den Geschmack des damit behandelten Produktes. Zu einer Lamm- oder Rehkeule passt z.B. das Heu von einer Blumen-Wiese, während das Aroma des Wildschweins mit Gras-Heu sehr gut unterstützt wird. Eine Hirsch- oder Mufflonkeule sollte ebenfalls in Gras-Heu zubereitet werden, das mit ein paar kräftigen Wildkräutern angereichert wurde.

Es ist nicht ratsam, Nagetier-Heu aus dem Supermarkt zu kaufen, da man nicht weiß, welche Konservierungsstoffe dort vorhanden sind, die zwar nicht dem Kaninchen, aber dem Menschen durchaus schaden können. Außerdem kommt dieses Heu meist aus Bergregionen (Österreich, Schweiz), die in ihrer Flora anders bestückt sind als die Bergwiesen unseres Erzgebirges. Auf unseren Wiesen wachsen über 200 Wildkräuter, darunter eine Vielzahl, die auch seit alters her als Heilkräuter Verwendung finden. Ein möglichst authentischer Heu-Braten sollte daher auch mit dem Heu des Bauern unseres Vertrauens von unseren erzgebirgisch-böhmischen Bergwiesen zubereitet werden.

Identifikation mit der Heimat kann auch über den Geschmack hergestellt werden. Eine psychologische Komponente, die bei der regionalen Speisenzubereitung und deren Vermarktung noch viel zu wenig berücksichtigt wird, der aber gerade bei der Herausarbeitung des Besonderen, des Einmaligen, des regional Typischen ein wesentlicher Anteil zukommt. Schließlich ist ein Großteil unserer Erzgebirgslandschaft durchaus essbar und sehr genießbar. Und ein Gericht mit Heu zubereitet, schmeckt dann nach purer Erzgebirgsnatur.

Die folgende Heu-Suppe ist eine alte Klostersuppe, die modernen Geschmacksempfindungen angepasst wurde. Sowohl bei der Suppe als auch bei den Bratengerichten gilt, dass sich unsere Geschmacksnerven an diese Aromen, die der »Irre Duft von frischem Heu« produziert, erst wieder erinnern müssen. Es kann sein, dass man erst nach mehreren Kostproben physiologisch wieder zurückfindet auf unsere »Urgeschmäcker«. Hat man sie aber erst einmal wieder entdeckt, dann will man den Naturgeschmack der Heimat, vielleicht auch den Geschmack und Duft der Kindheit, nicht mehr missen.

Heuwenden, Erzgebirge um 1910

HEU-SUPPE

Dazu werden benötigt: Eine große Hand frisches, bestes Blumen-Heu (auch Gras-Heu möglich). Ein Liter Gemüsebrühe, 35 g Butter 50 g Mehl, 100 ml trockener Weißwein, 3 Esslöffel Zitronensaft, etwas abgeriebene Zitronenschale, Salz, weißer Pfeffer aus der Mühle, ein Eigelb, 150 g dicke Sahne, ein paar Gänseblümchen oder Salbeiblüten zur Garnierung.

Das Heu mit der Gemüsebrühe aufkochen und zugedeckt etwa 15 Minuten ziehen lassen. Durch ein Haarsieb gießen. Eine Einbrenne zubereiten: Butter im Topf bei guter Hitze schmelzen und aufschäumen lassen.

Mehl dazugeben, erst glatt rühren, dann Brühe unter Rühren dazugießen, zum Kochen bringen und 15 Minuten bei milder Hitze zugedeckt köcheln. Weißwein dazugießen und mit dem Zitronensaft, der Zitronenschale, Salz und Pfeffer würzen. Eigelb in einer kleinen Schale erst mit der Sahne verquirlen, dann etwas von der heißen Suppe dazu rühren. Suppe vom Herd ziehen, dann den Einbrenn unterrühren und nicht mehr kochen, damit das Ei nicht gerinnt. Suppe ev. noch einmal mit Zitronensaft und -schale, Salz und weißem Pfeffer abschmecken, in vorgewärmte Teller füllen und mit Blumen garniert servieren.

Heu-Lamm

Dazu werden benötigt: Drei-vier Hände voll Blumen-Wiesen-Heu, Lammkeule, ein Zweig Rosmarin, paar Stiele Majoran und Thymian, vier Knoblauchzehen, 125 g weiche Butter, Salz, schwarzer Pfeffer (grob), 125 ml schwerer Rotwein

Lammkeule in Butterschmalz ringsum kurz anbraten. Einen Römertopf oder eine gut verschließbare gusseiserne Pfanne (Bräter) mit schwerem Deckel bereitstellen und reichlich mit etwas feucht gemachtem Heu auslegen. Den Backofen auf 220 Grad vorheizen. Rosmarinnadeln, Majoran- und Thymianblätter fein schneiden, mit zerdrückten Knoblauchzehen, mit weicher Butter, Salz und reichlich Pfeffer verrühren.

Mit dieser Mischung die Lammkeule rundherum einstreichen. Die Keule auf das Heu legen und dick mit Heu bedecken, Häfte des Rotweins zugeben. Den Deckel fest schließen und für ca. zwei Stunden in die Röhre. Danach das Fleisch ca. 20 Minuten ruhen lassen. Die obere Heuschicht abnehmen. Die Keule herausheben, Heureste mit einem Pinsel entfernen. Die Keule in Folie wickeln und warm halten. Rotwein und etwa eine Tasse Wasser auf das Heu im Bräter gießen, aufkochen und die Sauce, die sich unter dem Heu gesammelt hat, ablösen. Durch ein Sieb gießen, noch etwas einreduzieren, abschmecken, mit dem in Scheiben geschnittenen Lamm auftischen.

Lamm-Lachs in Heu gegart auf Gräupchen-Risotto

Heu-Sau (Wildschwein in Heu)

Wildschweinkeule in Speck und Zwiebel rundum anbraten, noch lauwarm mit einer Mischung aus Öl, etwas Honig, zerdrücktem Wacholder, Thymian, Rosmarin, Lorbeer (ev. etwas Estragon), Pfeffer und Salz kräftig einreiben. Eine eiserne Kasserolle oder Römertopf mit frischem, gewaschenem (feucht, nicht nass) Heu von Wiesen aus dem Erzgebirge (!) auslegen. Fleisch einsetzen, mit Heu bedecken, reichlich Rotwein (Variante 2: mit verdünntem Schwarzbier) angießen. Am Ende der Garzeit (ca. drei Stunden) Sud abseihen, mit geriebenem Schwarzbrot andicken und mit Vogelbeermarmelade abschmecken.

Mir Heimacher, mir sei gar lustige Leit.
Es ka nischt schönnersch gaabn, wenn drubn in Walle der Kuckuck schreit
on mir machen Hei hernaabn.

Vürmittig gieht´s of der Wies schu nauf, wu´s Gros in Schwoden liegt;
do packt mer´sch z´amm on schtreit erscht auf, bis de Sonn noch meh rauskömmt.

Üm halber zahne un dernooch
geschwind e Mol gewendt, bis der Assentroger mit´n Assen kömmt,
do werd drauf zu gerennt.

Is dos geschaah, do sucht mer sich
e schattigs Platzel wu, do ißt mer nort sei Butterbrot
on e Quarkel mit derzu.

Bis Mittig rüm do werd geschwind
noch zwaa drei Mol gewendt, bis der Assentroger wieder kömmt,
do werd drauf zu gerennt.

Sei gebackine Knödle mit Preißelbeer, e Topp Kaffee derzu,
wenn der Topp när noch viel größer wär, do wär mer alle fruh.

Do werd sich nort gleich higesezt
on´s Assen ausgepackt, zwaa drei Mol werd der Schnabel gewetzt
on tüchtig neigehackt.

On wenn nort alles fertig is, do werd oft viel gelacht,
weil immer aaner dronter is, daar Olbrigkeiten macht.

Anton Günther: »Ben Heimachen« (1903)

FICHTEN-KÜCHE

SALAT AUS DEM FICHTENDICKICHT,
WO DIE FICHTEN NICKEN TICHTIG!
GESUND, SCHMACKHAFT UND VERGESSEN.

Meist wird die Fichte hinsichtlich ihres Gebrauchs in der Naturheilkunde mit dem aus Fichtennadeln gewonnen Extrakt genannt, der besonders als Badezusatz neben seiner belebenden Wirkung auch noch als Linderungsmittel bei Erkältungskrankheiten zur Anwendung kommt. Dazu werden etwa 500 g Fichtennadelzweige in Wasser gekocht und in ein Vollbad abgeseiht. Bei einer Fichtentinktur werden die jungen Sprossen mit Weingeist auf Flaschen abgefüllt. Kündigt sich ein Husten an, so wirkt der Fichtennadelhonig seit alters her schleimlösend und beruhigend. Dafür benötigt man frische Triebe, wie sie im Frühjahr an den Spitzen der Fichten (oder Tannen) hellgrün zum Vorschein kommen; gibt sie abwechselnd mit einer Schicht Zucker in ein Glas und stellt dieses bis zum Herbst in die Sonne oder an einen warmen Ort. Diesen Honig löffelweise eingenommen, hilft auch bei hartnäckigem Husten. Ein Tee aus jungen Fichtensprossen wirkt ebenfalls gegen Heiserkeit, Husten und Blasenkatarrh zudem ist er noch blutreinigend und schweißtreibend.

FICHTEN-HONIG (SIRUP)

Etwa 500 g Fichten-Maitrieb in einem Liter Wasser kochen, bis sich das Wasser etwas milchig und die Nadeln braun-grau verfärben. Durch ein feines Sieb oder ein Leintuch/Stoffwindel abseihen. Das Kochwasser in einen großen Topf schütten, damit es sprudelnd kochen kann. Jetzt zwei Kilo Zucker dazugeben und etwa vier Stunden kochen lassen. Immer wieder umrühren und die Gelierprobe machen. Wenn er genug dickflüssig ist, etwas erkalten lassen und in Gläser abfüllen.

Dieser Fichten-Honig, der eigentlich ein Fichten-Sirup ist, kann für Desserts weiter verwendet werden. Er dürfte sich auch als Zusatz (ähnlich wie z.B. Waldmeister) zur Herstellung von »Erzgebirgischem Wald-Eis« eignen.

Die Wirkung der Fichte in der grün-bitteren Spirituose aus dem erzgebirgischen Lauterbach ist als Verdauungstrunk nahezu unbestritten. Ob das sogenannte Fichtenbier, wie Gräße 1872 in seinen »Bierstudien« meint, tatsächlich die Skorbut vertreiben kann, darf allerdings bezweifelt werden. Da es sich aber durchaus um einen gesunden und schmackhaften Trank handelt, soll das historische Rezept zum Fichtenbier hier folgen:

»Sechs Pfund junge, frische Fichtensprossen werden solange in Wasser gekocht, bis das Wasser gelb wird. Dann gießt man 3/4 des Wassers ab, gibt Fichtennadelsirup (Honig) dazu, füllt mit Wasser auf und kocht alles nochmals kräftig durch. Wenn es schäumt gießt man es in ein Faß, in das vorher etwas kaltes Wasser gegossen wurde. Nach drei-vier Wochen kann man das Fichtenbier probieren.«

Auch den erzgebirgischen Ziegen gab man junge Fichtentriebe zu fressen, da man meinte, dass diese Fichtenziegen-Milch Lungenleiden lindern könne. Aus den jungen Tannen- oder Fichtentrieben (am zartesten, wenn sie sich noch in der braunen Schale befinden), dem so genannten Maitrieb, wurde auch ein schmackhafter und an Vitaminen reicher Salat (als ein Bestandteil unter anderen Salat-Komponenten) gemischt, der heute nahezu vergessen ist.

Nicht nur in der erzgebirgischen Bauernküche kamen Gerichte mit Fichten- oder Tannentrieben auf den Tisch, auch in der bürgerlichen Küche wurden, insbesondere zur Frühjahrskur, Rezepte aus dieser heute kaum mehr praktizierten Küche geschätzt.

Die frischgrünen Triebspitzen von Tanne oder Fichte werden von Mai bis Mitte Juni geerntet. Im Juli sollte man sie nicht mehr für die Verwendung in Salaten pflücken. Für die Braten-Zubereitung sind sie aber durchaus noch geeignet, wenn sie vor dem Gebrauch mit heißem Wasser behandelt werden, um den harzig-bitteren Geschmack zu mildern. Die Maitriebe können frisch, aber auch getrocknet (gemahlen für Brot oder Pfefferkuchen) verwendet werden.

FALSCHER FICHTEN- ODER TANNEN-HIRSCH

Hier handelt es sich um ein historisches Rezept aus dem alten Erzgebirge, das von Bauern oder Bürgern gekocht wurde, die keinen Zugang zum privilegierten Wild hatten und dafür Rindfleisch nahmen, um es wie Wildbret zuzubereiten. Heute kann aber dieses Rezept auch für Hirsch, Wildschwein oder sogar für Lamm angewendet werden. Zu beachten ist lediglich, dass junge Tannen-Spitzen besser zu Wildfleisch (außer Reh und Hase) passen, während die frischen Spitzen der Fichte im Geschmack weniger intensiv sind und sich daher für Rindfleisch, Reh, Hase, Wildenten oder Fasan eignen. Übrigens kann auch beim Kochen mit Heu (siehe Heu-Küche), dem Braten zusätzlich ein frisches Fichtenzweiglein beigelegt werden. So fängt man dann die Aromen von Wald und Wiese unseres Erzgebirges noch geschmackvoller ein.

Ein Kilo Rindfleisch (oder eben Wildfleisch) mit dünnen Speckstreifen (vorher im Kühlschrank lagern) spicken und etwa fünf Tage in eine Beize eingelegt, die aus folgenden Zutaten besteht: Ein Liter Buttermilch, ein Glas Rotwein, zerstoßenen Wacholderbeeren, zwei Lorbeerblätter, drei Fichtenzweige (an denen noch junge Triebe sind), Rosmarin. Nach fünf Tagen das Fleisch herausnehmen, abtrocknen, dann mit einem Esslöffel Salz und reichlich schwarzen Pfeffer ringsum einreiben. In Butterschmalz von allen Seiten kräftig anbraten. Fleisch heraus nehmen und im Bräter kleingeschnittenes Wurzelwerk mit einer Zwiebel anbraten und mit einem halben Glas Rotwein ablöschen. Die Hälfte der Beize dazu geben, aufkochen lassen und das Fleisch einlegen, zudecken und etwa drei Stunden bei Niedrigtemperatur schmoren lassen. Den Bratenfonds mit etwas Rotwein ablöschen, entweder ein wenig Johannisbeergelee oder Vogelbeemarmelade unterrühren und möglicherweise mit etwas saurer Sahne, in die Kartoffelstärke eingerührt wurde, die Sauce binden.

Do drubn a ne Grenzgrobn dra,
do stand ich oft ganz allaa,
ho dorch de Fichten über der Haad
nooch Sachsen nüm gesaah.

On dorch dan Wald der Schlaas enooch
do laaft der Grenzgrobn hi,
do war´sch, wu ich als klaaner Gong
in de Schwamme gange bi.

Do war ich oft in de Hübel versteckt,
ho Schwarzbeer ogezuppt,
bi oft aah, wenn´s drübn schönner war,
übern Grenzgrobn nüm gehuppt.

Anton Günther: »An Grenzgrobn« (1902)

In der modernen Küche weitgehend unbekannt – der Frühlingstrieb der Fichte

FLEISCH-KÜCHE

MANCHMAL IST EIN JUNGES FETTES ZICKEL
SCHMACKHAFTER ALS EIN LAMM, UND BESONDERS IN DEN STÄDTEN
WERDEN IHRER HUNDERTE STATT LÄMMER VERKAUFT ...
(M. D. RETTIGOWÁ, 1826)

Der Umgang mit Fleisch in der historischen sächsisch-böhmischen Küche folgt sowohl jahreszeitlichen als auch vom christlichen Brauchtum bestimmten Abläufen. Dabei ist die Verwendung sowie das jeweilige Quantum von Fleisch bei den sozialen Schichten recht unterschiedlich. Die Klosterküche richtete sich z.B. streng nach den Fastenvorschriften. Die bäuerliche Küche ist ebenfalls von diesem Rhythmus sowie von den Produkten innerhalb der einzelnen Jahreszeiten beeinflusst. Meist gab es in bäuerlichen Haushaltungen einmal pro Woche eine Fleischspeise, an Fest- und Feiertagen kam eine weitere auf den Tisch. Bei armen Bauern und Bergleuten sind Fleischspeisen meist nur an Fest- und Feiertagen nachweisbar. In den meisten Fällen wurden Fleischspeisen für Ostern (Ziege, Lamm,

Kaninchen) bzw. für den Heiligen Abend (Neunerlei/Neinerlaa) und 1. Weihnachtsfeiertag (Gans oder andere Vögel, Kaninchen) aufgespart, das Jahr über gesammelt und konserviert. Auch in der bürgerlichen Küche hielt man sich weitestgehend an die Fastenvorschriften, indem auf Fleisch verzichtet wurde. Dafür kamen fette Fische, Käse und Süßspeisen verstärkt auf die Tische. Außerhalb der Fastenzeiten dominierte in den bürgerlichen und aristokratischen Küchen das Fleisch vom Wild, Schwein, Rind, Hasen/Kaninchen, Geflügel (auch Lauf- und Singvögel), weniger Lamm- und Ziegenfleisch, das verstärkt ab dem 19. Jahrhundert in bäuerlichen und bürgerlichen Küchen des böhmischen Erzgebirges anzutreffen war, wie sie u.a. in alten böhmischen Kochbüchern (Rettigová, Břízová, Klimentová) nachzuweisen sind.

In den nachfolgenden Fleisch-Rezepten (Original-texte) soll jeweils eine typische Zubereitungsart für die aufgeführten Tierarten vorgestellt werden, wie sie mit Beginn des 19. Jahrhunderts sowohl in der wohlhabenden Bauernküche als auch in der bürgerlichen Küche vorherrschten und in den historischen – hauptsächlich Erzgebirgs-Böhmischen-Kochbüchern – aufgeschrieben stehen, aber teilweise in Vergessenheit geraten sind. Alle diese historischen Gerichte entsprechen auch unserem heutigen Geschmacksempfinden und eignen sich daher für eine Wiederbelebung.

Auf dem Kartoffelfeld, Erzgebirge um 1910

Ingber/Ingwer war in der bürgerlichen Küche des 19. Jahrhunderts ein beliebtes Gewürz.

Die nachfolgenden fünf Rezepte stammen von der böhmischen Köchin Rettigová. Die historische Schreibweise wurde beibehalten.

Rindfleisch mit Ingber (Ingwer) 🎩

»Nimm ein Stück, etwa 3500 Gramm, von einem mürben Schlegel, klopfe es recht, salze es, dann lege es in ein mit Butter ausgeschmiertes Gefäß, belege es oben ebenfalls mit Butter, gieße einige Schöpflöffel voll Wasser darunter und laß es wenigstens anderthalb Stunden gut zugedeckt dünsten; es muß jedoch öfters umgewendet werden; dann nimm den Deckel ab, bestreue das Fleisch mit gestoßenem Ingber, gib es in eine wohlgeheizte Röhre und laß es von beiden Seiten schön braun braten; während des Bratens schmiere es mit Butter und siehe zu, damit auch der Saft recht braun werde. Beim Anrichten können geröstete Erdäpfel herum gegeben werden. Man kann dazu eine Soße bereiten, indem man in den braunen Bratensaft Rindssuppe zugießt und ihn mit braunem Einbrenn etwas einbrennt, dann entweder etwas Weinessig oder den Saft von einer Lemoine beifügt.«

Ochsenschlepp (Ochsenschwanz) 🎩

»Gib auf ein Reindel (Kasserolle/irdener Topf) ein Stück Rindsfett oder Butter, vier auf Scheiben geschnittene Zwiebeln, ein Stück Ingber, einige Körner Pfeffer und Neugewürz (Piment), zwei Lorbeerblätter und ein Ästchen Thymian, lege darauf einen in Glieder geschnittenen Ochsenschlepp, salze ihn und laß ihn weich dünsten; mußt jetzt öfters ein bischen Suppe oder Wasser zugießen, und zuletzt gieße darein so viel Essig, als du es säuerlich haben willst; hernach nimm den Schlepp heraus, die Soß seihe in einen Topf durch, brenne sie mit recht brauner Einbrenne ein, gib darin eine geschnittene Lemoineschale ein Stück braungerösteten und mit ein bischen Soß zerrührten Zucker, dann gieße die Soß über den Schlepp, laß es noch ein wenig aufkochen und trage es auf.«

Schöpsenschlegel (Schöpsen = kastrierter Hammel) 🎩

»Nimm einen schönen Schöpsenschlegel, welcher bereits zwei Tage an einem luftigen Ort aufgehängt war, klopfe ihn recht, wasche ihn rein ab, salze und pfeffere ihn und mache stellenweise mit dem Messer Löcher hinein, in welche gespaltene Zehen Knoblauch gesteckt werden; nun lege in die Bratpfanne zwei harzlose Späne, lege den Schlegel darauf, gieße etwas Wasser unter und gib in die Röhre. Wären des Bratens muß der Schlegel öfters begossen werden, später wird er umgewendet und bei öfteren Begießen gargebraten. Hernach schneide den Schlegel auf zierliche Schnitte, diese richte in der Mitte einer erwärmten Schüssel an, garniere sie mit gerösteten Erdäpfeln, gieße die Bratensoß darüber und trage es zur Tafel.«

EINGEMACHTES ZICKEL (JUNGE ZIEGE) 🍳

»Manchmal ist ein junges fettes Zickel schmackhafter als ein Lamm, und besonders in den Städten werden ihrer Hunderte statt Lämmer verkauft. Der Hinterteil wird gewöhnlich wie ein junges Lamm gebraten, die vorderen Viertel werden aber zum Einmachen benützt. Nimm daher ein vorderes Viertel vom Zickel, schneide die Schulter ab, hacke es an und zerschneide es dann in zierliche Stückeln, ebenso zerschneide die Brust und das Karbanatel (Brustbein); wenn alles zerschnitten ist, wasche es ab, gib es auf eine Kasserolle, salze es etwas, gib dazu etwa 35 Gramm frische Butter, decke es zu und lasse es dünsten; wenn es weich ist, was nicht lange dauert, kannst etwa eine halbe kleingeschnittene Zwiebel oder etwas grüne Petersilie und eine in Scheiben geschnittene Petersilienwurzel mitdünsten lassen; gib aber Acht, daß es nicht roth wird; wenn alles genug weich ist, gib das Fleisch auf eine andere reine Kasserolle, gieße etwas Suppe auf den Saft, brenne ihn in einer weißen Einbrenn ein und laß ihn aufkochen, dann seihe ihn auf das Fleisch durch, gib dazu 1/2 Dutzend (sechs) Krebsschweifchen, einen Löffel voll Krebsbutter und etwas Muskatenblüte; dann gib das Fleisch auf eine gewärmte Schüssel in die Mitte, die Krebsschweifchen herum, gieße die Soß darauf und trage es zur Tafel.«

HASE

Dieses erzgebirgs-böhmische Rezept bezieht sich auf Wild-Hase, ist aber auch geeignet für Kaninchen/Karnickel/Kuhos, wie er im sächsischen Erzgebirge als »Festtags- oder Hochzeitsbraten« anzutreffen ist.

REZEPT 🍳

»Wenn der Hase abgezogen ist, so häutle ihn, salze und spicke ihn recht zierlich mit Speck, lege ihn auf die Brat-pfanne, laß Essig mit Zwiebel, Lorbeerblatt, Thymian, ganzem Pfeffer und ganzem Ingber kochen, begieße da-mit den Hasen und laß ihn 3 bis 4 Tage in der Beize liegen, wende ihn jedoch täglich um. Wenn der Hase gebraten werden soll, so laß darunter von der Beize nur so viel, als nöthig ist, damit er im Safte brate, und wäh-rend des Bratens begieße ihn öfters mit saurem Schmet-ten (Sahne) und belege ihn mit Stückchen Butter.«

Ze Weihnachten, dos muß su sei,
gehärt wing gute Asserei.
Ben Eberhard un seiner Fraa
un seiner Mad gob´s suwos aah;
do mußt ne Gans als Broten har.

Se hobn´s ze dritt, ´s is kaa Gemahr,
an Heiling Obnd zamm aufgegassen,
mit grüne Kließ, dos gute Assen.
Doch vür zwee Garhn, dos is es abn,
do hot´s, wie´s wieder Gans hot gabn,
de Mutt´of aamol net vertrogn;
do log´r´sch wie e Staa in Mogn,
do war´rsch noochert schlacht dernooch
bis über die drei Feiertog.

Drüm sat ihr Ma ze ihr bezeiten:
»Nächst´s Gahr sollst du net wieder leiden!
Do assen mir, wie wär dä dos,
ze Weihnachten statt Gans mol – Hos!«

Manfred Pollmer (1922 Geyer – 2000 Geyer): »Weihnachtsbrotn«

Schwarzes Wildpret (Wildschwein) 👨‍🍳

Schabe die Brust vom schwarzen Wildpret ab und wasche sie rein; belege den Boden eines reinen Gefäßes mit einigen Fichtenzweiglein, Zwiebel, Sellerie, Petersilienwurzel und gelben Rüben, alles in Scheiben geschnitten, lege die Brust (oder Schlegel) darauf, bestreue sie mit einigen Körnern Wacholder und Pfeffer, gieße darüber 2 Deciliter Wasser, 4 Deciliter Essig, und 4 Deciliter rothen Wein, decke es zu und lasse es 24 Stunden oder noch länger stehen; dann gib das Wildpret in ein anderes Gefäß, gieße darauf 8 Deciliter rothen Wein, füge hinzu einen Schöpflöffel voll von der Lacke, worin es gelegen ist, samt dem Gewürz, und laß es weich dünsten. Mache von frischem Rindsfett eine Einbrenn, und wenn sie röthlich zu werden anfängt, so füge hiezu zwei Kaffeelöffel voll gestoßenen Zucker und rühre sie beständig, bis sie recht röthlich wird. Wenn das Wildpret genug weich ist, so schneide es in gleiche zierliche Stücke, die Suppe, worin es gekocht hat, seihe ab, brenne sie mit der Einbrenn ein, füge hinzu noch ein bischen rothen Wein, von einer halben Lemoine den Saft und auch ein bischen kleingeschnittene Lemoinenschale, lege das Fleisch in die Soß und laß es zusammen aufkochen; dann richte auf der Schüssel an und mache herum einen Kranz von Butterteig.

Frische Fichten-Triebe geben besonders Wild-Gerichten eine besondere Note.

FISCH-KÜCHE

>>DER HAMMERHERR HEINRICH VON ELTERLEIN ZÜCHTETE IN
SEINEM TEICH SONDERLICH GROSSE FOHREN / DIE ER LANGE
GESPEISET / UND GEMÄSSTET HATTE...<<

(CHRISTIAN LEHMANN, SITTENCHRONIK, 1698)

In zahlreichen Berichten und Dokumenten aus früheren Zeiten wird der Fischreichtum unserer Bäche, Flüsse und Teiche hervorgehoben. Allen voran muss die Forelle (oder Fo(h)re) – frisch, geräuchert, eingesalzen - einen Schwerpunkt bei der Ernährung mit Fischen im sächsisch-böhmische Erzgebirge dargestellt haben. Neben den Bachforellen, die jedermann mit etwas Geschick mit der Hand oder dem Köcher fangen konnte, gab es bereits eine verzweigte Forellenzucht in Teichen mit fließendem Wasser.

Dabei wurden meist die ehemaligen Klosterteiche genutzt. Die Fische waren hauptsächlich für die Bürgerlichen und den Adel bestimmt bzw. wurden in Schänken als Mahlzeit zum Bier verkauft.

Der Chronist Paulus Jenisius führt neben der Forelle (Fohre) noch folgende Fischarten in erzgebirgischen Gewässern auf, die auch in der Küche verarbeitet wurden: *»Die Fohre, diese ist der vornehmste Fisch im Gebürge, Aschen, Hechte und Karpfen, Schleien, Karauschen, Aale, Aalraupen, Steinpeisen, Schmerlen, Ellerische, Krebse.«*

Der Hammerherr Heinrich von Elterlein züchtete in seinem Teich »*sonderlich große Fohren/ die er lange gespeiset/ und gemäßtet*« hatte. Auch hier ist der Kurfürst nicht weit, und am 20. August 1625 war er mit seinem Jägermeister und anderen Offizieren dabei, als der Fischzug begann »*... davon bekam der Churfürst 3 Mandeln der schönsten Fohren/ darunter war eine, die 8 Pfund woge ...*«. Und weiter wird berichtet, dass er diese braten und seinem Gast, dem Fürsten aus Darmstadt, in Crottendorf auf die Tafel bringen ließ. »*In des Hammerherren Stube aber wurde an zwei Tafeln gespeiset unter grünen Birken ... Der Churfürst erzeigte sich fröhlich/ ritte später/ danckte mit der Hand/ auch der Wirthin/ die in der Küche geschäftig war/ Ey sagte er/ habt ihr nicht eine raucherige Küche/ doch die Küchen sind nicht anders.*«

(Christian Lehmann, Sittenchronik, 1698)

Besonders begehrt – insbesondere in der bürgerlichen Küche – müssen die Schmerlen gewesen sein. Dieser karpfenartige Fisch kam bereits vor 300 Jahren in erzgebirgischen Gewässern vor. Von den Schmerlenfischern weiß man, dass sie diese sehr schmackhaften und fetten Tiere fingen, kurz kochten, mit Petersilie belegten, in Kartons verpackten und mit der Schnellpost als Spezialität aus dem Erzgebirge nach Prag, Leipzig und an den Dresdner Hof lieferten.

»*Beim Speiseangebot vornehmer Familien spielten die Fische eine Rolle, als Karpfen, Forellen, Schleien, Hechte, auch Krebse und kleine Fische, Schmerle genannt. Die letztgenannten wurden immer des Abends genossen. Die Karpfen kamen aber auch bei Bürgerfamilien auf den Tisch, besonders bei Kindtaufen und Hochzeiten, bei Bemittelten wurde auch am Weihnachts-Heiligabend Karpfen mit Krautsalat gegessen*«

- weiß Scheffler über die Küche des 18. Jahrhunderts aus Annaberg zu berichten.

Die Bachforelle hat, neben dem Karpfen, von den historischen Fischarten alle Zeiten überstanden und gehört auch in der Gegenwart mit zu den begehrtesten Fischen in unserer Region, wie die zahlreichen Forellenzuchten, Räuchereien oder Fischgaststätten (Forellenhöfe) zeigen.

Es folgt ein rekonstruiertes Forellenrezept, das der Hammerherr Heinrich von Elterlein dem Kurfürsten Johann Georg I. am 20. August 1625 bei dessen Besuch in Crottendorf serviert haben soll, wie es in Christian Lehmanns »Schauplatz ...« beschrieben wird:

REZEPT: FOHRE (FORELLE) VARIANTE 1

Fohren aus einem Erzgebirgsbach ausnehmen und etwa zwei Stunden in mit Peffer und Salz gewürzter Milch einlegen. Mehl mit Semmelbröseln von Schwarzbrot vermengen und die Fische darin wälzen und in Schmalz von beiden Seiten braten. Weitere Semmelbrösel in Schmalz rösten und mit saurer Milch, Petersilie und Salz beim Servieren über die Fohren geben.

Ein anderes Forellenrezept stammt aus Schlettau, das auf ein altes Klosterrezept aus der Zeit um 1500 zurück gehen soll (Teile der Schlettauer Fischteiche waren im Besitz des Annaberger Franziskanerklosters):

REZEPT: FOHRE VARIANTE 2

Fohren ausnehmen, salzen, pfeffern und mit ein paar Tropfen Essig (oder Zitrone) benässen. Aus gehackten Mandeln, Semmelbröseln, ein bis zwei Eiern, Salz eine Masse kneten. In die Bäuche der Fohren je einen Fichtenzweig legen, dann die Masse einfüllen. In einer Pfanne in Schmalz ausbacken (heute auch in der Röhre möglich), dabei immer wieder mit heißem Schmalz übergießen.

Der Karpfen ist in manchen erzgebirgischen Famili-
en (insbesondere im katholischen böhmischen Erzgebirge, da dort der Heilige Abend zu den Fastentagen
zählt) noch heute Bestandteil des Neunerlei (Neinerlaa), meist in filetierter Form und paniert. Aus den
Karpfenabfällen/Karkassen wird eine Fischsuppe
bereitet, die ebenfalls zum Neunerlei gereicht wird,
obwohl Moritz Spieß in seinen Verhaltensregeln zum
Neunerlei die Suppe dort nicht sehen will, »da sonst
das ganze Jahr über die Nase läuft.«

Dort wo zu Hochneujahr kein weiteres Neunerlei auf die Tische kommt, wie das im 19. Jahrhundert
noch verbreitet der Fall war, wird der Silvester- oder
Neujahrskarpfen serviert.

Im sächsisch-böhmischen Erzgebirge war der Röhren-
karpfen (Rährn-Karpfn) verbreitet:

REZEPT 🍳

*Ein großer Karpfen wird abgeschuppt und ausgenom-
men. Er wird über Nacht in folgende Beize eingelegt:
500 ml Kofent (Dünnbier, ev. Pilsner mit etwas Wasser
mischen), kleingeschnittener Porree (etwa eine Stange),
zwei in Ringe geschnittene Zwiebeln, zwei Lorbeerblätter, ein Stück Sellerie, zwei-drei geschnittene Möhren,
einen Fichtenzweig. Am nächsten Tag den Karpfen innen und außen salzen und pfeffern, in einer Kasserolle
oder auf dem Backblech über eine hohe Tasse oder anderes irdenes Gefäß stülpen und braten. Von Zeit zu Zeit
mit der Beize und etwas zerlassener Butter übergießen.
In zerlassenem Speck Schwarzbrotbrösel anrösten und
damit die restliche erhitzte Beize binden (vorher abseihen) und abschmecken.*

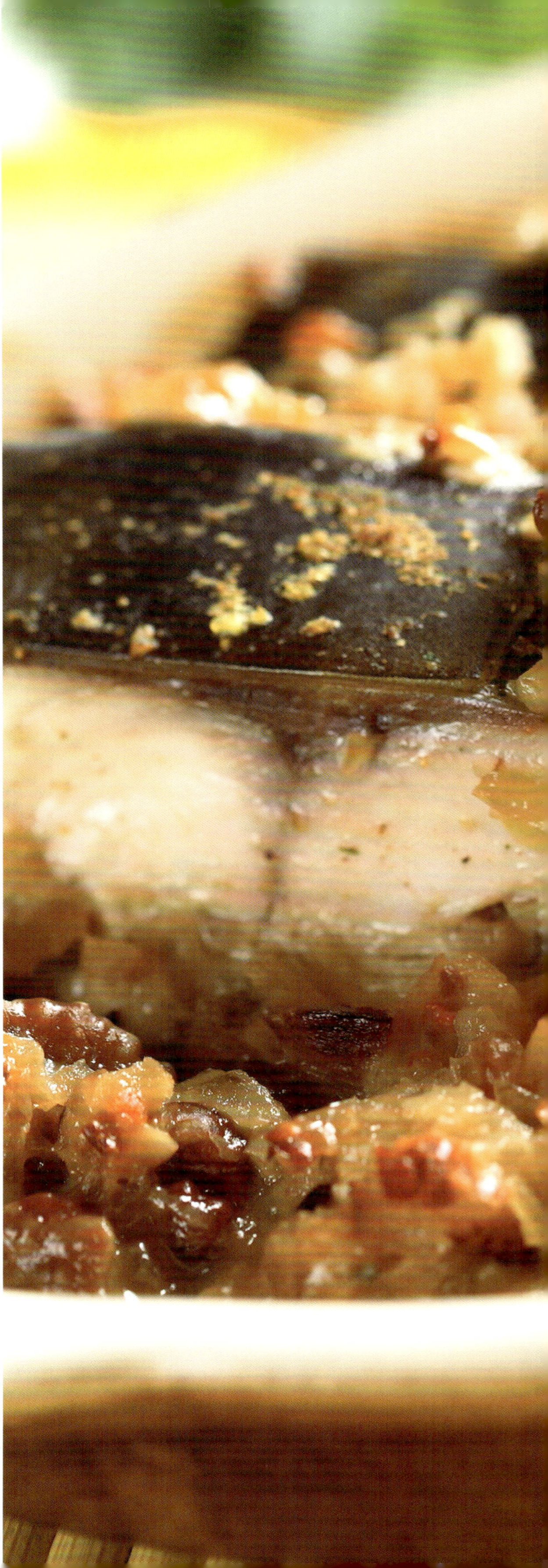

Bier-Küche

Im böhmischen Erzgebirge hat das Kochen mit Bier eine schmackhafte Tradition, die sächsische Seite ist auch auf den Geschmack gekommen.

Das Kochen mit Bier entstammt der Kloster- und Bauernküche. Seit Bier nicht mehr im Haus gebraut und als Reiheschank (das Schankrecht wird »der Reihe nach« von Haus zu Haus weiter gegeben) ausgeschenkt sowie den jungen Mädchen als Aussteuer bei der Heirat kein Sudkessel mehr mitgegeben wird, ist die Bier-Koch-Tradition im sächsischen Erzgebirge nahezu völlig vergessen. Auch die Verlagerung des Hopfenanbaus in das böhmische Erzgebirge (z.B. vom erzgebirgischen Ort Hopfgarten nach dem böhmischen Saaz) hatte Einfluss auf die Reduzierung des Bieres beim Zubereiten von Suppen, Soßen oder als Würzmittel.

Hinzu kam, dass Kochen mit Bier der so genannten »Armenküche« zugeordnet wurde, da Biergerichte billig waren und Bier-Suppe (warm im Winter, als Kaltschale im Sommer) in bäuerlichen oder später in proletarischen Haushalten anzutreffen war.

Der Einfluss des Bieres auf die Küche des sächsischen Erzgebirges setzte sich erst wieder am Ende 20. Jahrhunderts durch. Im böhmischen Erzgebirge, wo der Bierkonsum zu fast allen Zeiten insgesamt immer höher lag als im sächsischen Teil, kann das Kochen mit Bier dagegen auf eine ungebrochene Tradition verweisen.

Von Böhmen aus sind zahlreiche Einflüsse auf Zubereitungsarten mit Bier im sächsischen Erzgebirge zu verzeichnen, die in neuerer Zeit eine behutsame Renaissance erleben und vereinzelt auch wieder – zumindest als Würzmittel oder Soßen – in erzgebirgischen Landgasthöfen und Brauerei-Schänken zum Einsatz kommen.

Das Kochen mit Bier setzt gewisse Erfahrungen voraus. Unsere Vorfahren verwendeten den Kofent, oder die Kofent-Mähre. Das ist ein Dünnbier oder Nachbier, das nach Abzug der zweiten Würze durch einen kalten Aufguss auf den Getreidesud (nur selten mit Hopfen) gewonnen wurde und einen Alkoholgehalt von 2 – 6 Prozent besitzt.

Der Name geht zurück auf das Konventbier, das Bier der Konventualen (stimmberechtigte Klosterbrüder, meist in Franziskanerklöstern – wie z.B. in Annaberg) im Gegensatz zu dem stärkeren, dem Herren-Bier der Patres oder des Abtes bzw. der Äbtissin. Dieses Dünnbier wurde von allen Familienmitgliedern (einschließlich kleinen Kindern) - auch aus Mangel an sauberem Trinkwasser - zu jeder Mahlzeit konsumiert. Im 19. Jahrhundert wurde Dünnbier verstärkt auch in Brauereien hergestellt. Dieses Nachbier oder Speisebier ist nach der Produktion des normalen »Dickbieres« hergestellt worden. Man benutzte die Reste der Gerste (später auch Weizen) und des Hopfens noch einmal, um einen weiteren Sud – angereichert mit etwas Malz – aufzusetzen.

Das »Helle« zu DDR-Zeiten entsprach etwa dieser Kofent-Märe, wie sie schon im Mittelalter bekannt war und sowohl als Getränk als auch zum Kochen verwendet wurde. Für heutige Rezepte empfiehlt sich das Pilsner- oder Lagerbier wegen seiner Stammwürze, seinem hopfigen Aroma und der natürlichen Kohlensäure, die den Gerichten eine zusätzliche Lockerheit geben kann. Wichtig ist, dass den Speisen zunächst kleine Mengen Bier (oder verdünntes Bier) zugefügt werden. Durch die Bitterstoffe kann es leicht zu Überwürzungen kommen, was insbesondere bei dunklem Bier der Fall ist. Deshalb wird ein permanentes Abschmecken der Gerichte empfohlen.

BIER-SUPPE IN VARIANTEN

Nach dem Kochbuch von Clara Wiek aus Zwickau (Carl Friedrich Engelmann, Pirna, 1806),
der Frau des Komponisten Robert Schumann:

REZEPT

»Man koche etwa ein halbes Maaß Bier siedend, schäumt es ab, und wirft etwas Butter hinein. Während der Zeit rührt man von drei oder vier Eyern die Dotter mit einem viertel Maaße Bier (oder Wein) an; versüßt es mit etwas Zucker, läßt dieses mit dem Bier sieden, rührt aber beständig um, damit es nicht gerinnt. Dann richtet man alles zusammen über gewürfelte Semmelscheiben an, die man, wenn man will, zuvor mit Butter gelb rösten kann.«

REZEPT VARIANTE 1

»Man kocht 1 1/2 Kanne Bier mit etwas Butter, Zucker, einer auf Zucker zerriebenen Zitronenschale und etwas Salz. Während der Zeit rührt man einige Eyerdotter in eine halbe Kanne Wein, und quirlt das Bier, wenn es zu kochen anfängt, damit ab. Hat es wieder aufgekocht, so gießt man es über würfelig geschnittene und in Butter geröstete Semmeln.«

REZEPT VARIANTE 2: BIER-BROT-SUPPE

»Man reibt Brot und zerstößelten Kümmel, Beides kocht man mit Bier. Dann wirft man etwas Butter und Zucker dazu, und richtet es an.«

REZEPT VARIANTE 3: BIER-INGWER-SUPPE

»Man kocht Bier und gestoßenen Ingwer, quirlt etwas Eyerdotter mit etwas Mehl in Bier ab, wirft nach Belieben Butter und Zucker dazu, läßt es einmal aufsieden, und gießt dies zusammen auf würfelig geschnittenes Brot.«

REZEPT VARIANTE 4: WEISSBIER-SUPPE

»Man kocht Weißbier, Zucker und Zitronenschale zusammen, quirlt es mit Eyerdottern und etwas Mehl ab, gießt etwas Wein darunter, und richtet die Suppe über würfelig geschnittene Semmeln an.«

Weißbier-Suppe

Sei Bier is gut, ä wahre Pracht, mor beisst su richtig nei,
vorzüglich ä belegtes Brot on Bäffsteck roh mit Ei.

Dor Schofteich is ä Hochgenuss, dann muss mor arscht probier´n,
War drei, vier Gläsle dorvu trinkt, ka sein Verschtand vorliern.

Dann gibt's a noch de alten Käs, mor sogt hier Bündel Hei,
die riech´n ewing, sei reisengruss un gänzlich modenfrei.

A kriegt mor Fischle, Ölsardin´ on Haring marniert,
fast alles, wos dor Mensch begährt, dos wärd äm aufserviert.

Georg Langer (1888 Annaberg -?),
Wirt des Annaberger Lokals »Zum Fransenstöckl« auf der Scherbank
und vom »Bratwurstglöckl« auf der KÄT.

BÖHMISCHE BIER-SUPPE 1 👨‍🍳

»In einem Topf werden 2 EL gute Butter mit 2 EL Mehl zu einer Einbrenn verrührt, dann wird 1 Liter dunkles (ev. verdünntes) Bockbier dazu geschüttet (früher nahm man Kofent oder Kofentmähre), kräftig gerührt und zum Kochen bringen. In einer großen Schüssel aus Steingut wird 1 Eigelb mit 1 Tasse guter saurer Sahne verquirlt. Jetzt wird das heiße Bier darüber geschüttet, umgerührt und mit einer Prise Salz und Pfeffer abgeschmeckt.«

BÖHMISCHE BIER-SUPPE 2 👨‍🍳

»Ein Ränft'l (das vordere oder hintere Ende) von einem kräftigen Schwarzbrot wird mit 1 Liter Malzbier, 1 EL guter Butter , 1/2 EL Zucker, 1/2 EL gemörserten Kümmel und einer Prise Salz stark erhitzt und kurz vor dem Kochen vom Herd genommen. Die Suppe wird neuerdings in eine Schüssel durch geseit (früher hat man das Brot vermutlich mitgegessen) und mit 2 Eigelb und etwas darin verquirlten Rahm gebunden.«

BIER-SUPPE MIT BROD aus »Hausköchin«, Magdalena Dobromila Rettigová, 1826 👨‍🍳

»Schneide oder reibe Brod, gib es in einen Topf, dazu ein wenig Kümmel. Ein bischen Salz, gieße Bier daran und laß es kochen, bis das Brod ganz zerkocht ist; hernach schlage in einen Topf einige ganze Eier, gib dazu 35 Gram gestoßenen Zucker, 2 Deciliter guten, entweder süßen oder sauren Schmetten, ein Stück Butter, rühre es wohl ab, gieße die kochende Suppe darüber, quirle es recht ab und laß sie noch ein bischen aufkochen, dann gieße sie in die Suppenschüssel und trage sie auf. Will man die Suppe besser haben, so kann man 3 Deciliter Wein dazu gießen; oder wenn man sie säuerlich haben will, so gibt man einige Löffel guten Weinessig dazu.«

In früheren Zeiten sind dann soviel Holzlöffel ausgeteilt worden, wie sich hungrige Mäuler um die große Biersuppenschüssel einfanden. Der Vater aber bekam den größten Löffel. Einen, der mehr an eine Kelle erinnerte. Und er durfte von den damals nicht so kräftigen, aber durchaus gesunden Suppen auch als erster kosten.

Und ähnlich wie bei der »Semmelmillich« - einem Einbrockgericht innerhalb des »Neinerlaa« am Heiligen Abend - trank der Hausvater den Rest für alle aus der Schüssel. Dann erst war das Mahl beendet und alle durften nun vom Tisch aufstehen.

Aber auch Fleischgerichte wurden im böhmisch-erzgebirgischen Kammbereich mit Bier zubereitet.

SCHÖPSEN (HAMMEL) - KEULE IN BIER 👨‍🍳

In einer eisernen Kasserole wird Fett stark erhitzt, dann wird 1 Pfund Schöpsenfleisch in grobe Stücke geschnitten und mit Salz und Pfeffer gewürzt. Jetzt kommt das Fleisch in das heiße Fett und wird schnell ringsum angebraten. Nun schüttet man 1/2 Liter gutes dunkles Bockbier langsam darüber und lässt alles etwa 1 Std. in der Röhre schmoren. Soße mit etwas Kartoffelstärke binden (eventuell noch etwas Bier nachgießen), mit Muskat und paar Spritzer Zitrone abschmecken.

In manchen Orten des böhmischen Erzgebirges wird auch Fleisch - besonders Wildfleisch - Tage vor dem Braten in Bier, oder in eine Marinade aus Bier, Essig, Zwiebel, Möhre, Knoblauch und Lorbeer eingelegt, weil dadurch das Fleisch besonders zart und schmackhaft wird. Zur Schöpsen-Keule reicht man die folgende Biersoße:

BIER-SOßE 👨‍🍳

In 5 EL guter Butter werden 1 gehackte Zwiebel und 1 Knoblauchzehe angedünstet, langsam wird dann ein Glas helles Bier dazu gerührt und durchgekocht. Alles wird mit in kaltem Wasser angerührter Kartoffelstärke gebunden und mit Salz, Pfeffer, Muskat, Nelkenpulver und etwas Zucker abgeschmeckt. Manchmal wird auch ein Lorbeerblatt im Bier mitgekocht und mit einem Schluck Weinbrand abgeschmeckt.

BÖHMISCHES BIER-FLEISCH

500 g nicht zu fettes Schweinefleisch wird in Würfel geschnitten, eine große, fein gehackte Zwiebeln und zwei zer-drückte Zehen Knoblauch in 50 g heißem Fett dünsten, das Fleisch dazu geben und zugedeckt halbweich kochen. Dann mit Salz, Pfeffer und reichlich gemahlenen Kümmel würzen. Ein Stück geriebenes (altbackenes) Schwarz-brot und 1/8 Liter Bier dazu geben und das Fleisch fertig kochen.
Die Soße mit Kartoffelstärke binden und zu böhmischen Knödeln mit Sauerkraut servieren.

Dieses Rezept gehört heute in böhmischen Gaststätten zu den Standardgerichten.
Bei der böhmischen Hausköchin Magdaléna Dobromila Rettigová lautet es im Original von 1826 so:

»Schneide ein junges Schweinefleisch auf Stücke, lege es in eine Kasserolle, salze es, streue ein bischen Kümmel darüber, gieße heißes Bier darauf und laß es so wohl zugedeckt kochen; wenn es halb gekocht ist, so streue geriebenes Brod daran, damit es gehörig dicklich werde, und gib dazu einige Zehen mit Salz zerriebenen Knoblauch und kleingeschnittene Lemonieschale. Wenn das Fleisch weich und die Soß gehörig dick ist, so trag es auf. - So kann man auch Bratwürste bereiten.«

BIER-KARPFEN

Einen großen und frischen Karpfen (ca. bis 2000 g) schuppen, ausnehmen, Kopf und Flossen abschneiden, waschen und in Kotelett-Scheiben schneiden. Diese we-nig salzen, mit Zitronensaft beträufeln und 30 Minu-ten ziehen lassen. In einer Kasserolle Öl erhitzen, darin etwas Butter zerlassen, zwei gewürfelte Zwiebeln darin anschwitzen, geriebenes Schwarzbrot oder Soßenlebku-chen und zwei, drei Lorbeerblätter dazu geben und mit verdünntem Bockbier ablöschen, mit Pfeffer und Salz abschmecken. Die Karpfenstücke einlegen, mit Lor-beerblätter, Zitronenscheiben und Petersilie belegen, zugedeckt ca. 20 Minuten ziehen lassen. Dieses Rezept kann auch, leicht abgewandelt, auf einen Karpfen im Ganzen zubereitet, angewendet werden.

Keramik-Wein- und Bier-Krug, Erzgebirge 1687

ERZGEBIRGISCHES BIER

WER AM CARFREITAGE VOR DER SONNE AUFGANG DREI
MESSERSPITZEN HEFE ISSET, DEM SCHADET SELBIGES JAHR KEIN
TRUNK, ER MAG SAUFEN, WIE ER WILL.

(CHEMNITZER ROCKENPHILOSOPHIE, 1759)

Von jeher hat das Bier eine wichtige Rolle im Alltag (an Festtagen sowieso) im Erzgebirge gespielt. Besonders die Vielfalt der Biersorten lässt noch heute so manchen Kenner und Genießer ins Staunen geraten.

»Dieweil im Ober-Erzgebirge wegen der Kälte kein Wein wachset/ werden daselbst von guten gesunden Wassern vermittelst der meist Böhmischen Gerste/ Malz und Hopfen/ auch gute Lager-Bier gebrauet/ welche ihre Güte und Währung halber bißweilen auch nach Leipzig/ Dresden/ Prag und ins Carlsbad geführed werden …«, weiß Christian Lehmann zu berichten, indem er sich auch auf Aussagen von Jenisius beruft. Überliefert ist, dass bereits im Jahre 1262 in Freiberg eine Brauerei bestanden haben muss. Es kam nämlich damals zum Streit zwischen den Freiberger Brauern und denen aus Dippoldiswalde, weil letztere ihr Bier nach Freiberg »ausführten«.

Markgraf Heinrich der Erlauchte schlichtete schließlich den Streit, indem er festlegte, dass die Bergleute aus Freiberg nur noch ihr Bier von dort nehmen durften. Derselbe Fürst schenkte dem Nonnenkloster zu Nimptschen den »Bierzehnten« von allen seinen Silberzechen im Lande, wie eine Urkunde aus dem Jahre 1277 dies beweist. Seitdem finden sich häufig Hinweise in erzgebirgischen (sächsischen) Urkunden auf Malz-, Brau- und Bierhäuser. In diesen städtischen Einrichtungen, aber auch oftmals zu Hause, brauten die Bürger und Bauern »Reih um« ihr Bier. Von daher stammt der Name »Reihschank« oder »Reiheschank«.

Moritz Spieß berichtet darüber, dass sich noch im Jahre 1862 *»… diese eigenthümliche Einrichtung in mehreren Städten und Städtchen des Obererzgebirges (z.B. Annaberg, Buchholz, Marienberg) erhalten hat.«*

Das Schanklokal, häufig die Wohnung oder die Scheune, und damit der »Reiheschank«, wurden durch das Los ermittelt. Der neue Wirt erhielt von seinem Vorgänger die erforderliche Zahl Biergläser, eine zinnerne Messkanne und das Bierzeichen oder »Bierreiss«, das als Ausschankzeichen aus dem Fenster gesteckt oder an der Türe angebracht wurde.

In 24 Tagen musste dann das übernommene oder selbst gebraute Bierquantum ausgeschenkt werden, um danach per Los den nächsten Wirt zu bestimmen.

In manchen Gegenden durfte das eventuell übriggebliebene Bier nur noch verschenkt werden. Damit es möglichst nicht zu dieser »Einbuße« kam, wurde den Gästen am letzten Tag »der Zapfen gegeben«, d.h. sie wurden mit »Brod, Wurst und Häring traktiert, damit sich recht viel Durst einstelle.«

Auch war es üblich, bei einem Grundstückskauf an seine »Gemeindegenossen« das sogenannte »Gemeindebier« zu geben. Beim Kauf eines Gutes mussten zwei Tonnen und bei einem Haus eine Tonne Bier vom Käufer spendiert werden. In feucht-fröhlicher Runde, gemeinsam mit den Bauern und Häuslern sowie deren Frauen, wurde das Bier in der Schenke »verinnerlicht«. Bei allen festlichen Gelegenheiten kam Bier zum Ausschank, wie auch bei den erzgebirgischen Hochzeiten, bei denen lange Gedichte, »Würmer« genannt, verfasst wurden.

Offenbar muss das erzgebirgische Bier im 16./17. Jahrhundert ein regelrechter Exportschlager gewesen sein. Der Bierkenner Christian Lehmann schreibt 1699 darüber:

»Das Annabergische Bier ist insgemein starck und hitzig wie die fetten Böhmischen Biere ..., daß Schneebergische Bier kühlet/ laxiret und kann sich mit einem guten starken Wein eher als das Annabergische comportieren.« Lob erhalten von ihm auch das »Wiesenthälische, Grünhayner, Elterleiner, Schlettauer und Scheibenberger« Bier.

»... wenn fluksch der Napper drauf das huschte Ferckelthier/
dos fettste Schweinel sätzt/hä gessen nett derfür/
nän/werlich gotz/er trifft.
Er wiebt en annern wühl

wos Hertz in Loibe hoht/dosselbe gie umb buhl
sich äne Sittiche. Er krieckt sä/glättmers mier
sex Wuchert an en stück/wie van getripten Bier

wehls assene Pfütze sieht/dos macht en silchen Lärm
in seiner Lederhuß/als epper Must und Gärm
un latter Naumersch Bier zesamm gesuffen hett/
do nempt üch eppes drauß. Jen bissel is zeffett.«

Aus: »Kleiner Hochzeits-Wurm«, 1659, älteste bisher bekannte erzgebirgische Mundartdichtung.

Von einem Leipziger Studenten, der nach Karlsbad wollte, erzählt er, dass er dort hin fuhr: „um dort seine hypo-chondrische Melancholie zu entladen«. Sein Weg führte ihn irgendwie über Schneeberg, dort »gerieth er unter (eine) ehrliche und lustige Compani«, die ihn offensichtlich mit »Schneeberger Bier« von seinem »malo befreyet« hat. Jedenfalls soll er ohne Sauer- und Carlsbrunnen wieder zu Hause eingetroffen sein, wie die Chronik zu berichten weiß. Und dass selbst das Bier aus Zschopau nachweislich nach Bayern geliefert worden ist, unterstützt nur ein weiteres Mal die These vom guten erzgebirgischen Bier in jener Zeit.

Theodor Gräße, dem wir den »Sagenschatz des Königreiches Sachsen« verdanken, hat 1872 in seinen »Bierstudien« an verschiedenen Stellen auf die besondere Qualität und Exportfähigkeit erzgebirgischer Biere hingewiesen. Ihm ist es auch gelungen, die sogenannte »Chemnitzer Rockenphilosophie« aus dem Jahre 1759 von einem gewissen Joh. G. Schmidt wiederzuentdecken. Es handelt sich dabei um meist abergläubische Regeln für »Brauer und Privatleute«, die durchaus sehr ernsthaft beachtet worden sind.

Einige Kostproben daraus können vielleicht eine nützliche Anregung auch für heutige Bierbrauer im Erzgebirge sein:

»(II., 72) Wer die erste Kanne Bier aus einem Fasse bekömmt, soll geschwinde damit fortlaufen, so geht das Bier bald ab.

(IV., 77) Wenn bei dem Bierbrauen gesungen wird, so geräth das Bier wohl.

(IV., 86) Wenn ein Paar sollen getrauet werden, soll der Bräutigam vorher, ehe sie in die Kirche gehen, das Bierfass anzapfen, und den Zapfen zu sich stecken, sonst können ihm lose Leute einen Possen thun, daß er der Braut die eheliche Pflicht nicht leisten kann.

(V., 85) Wer am Charfreitage vor der Sonnen Aufgang drei Messerspitzen voll Hefen isset, dem schadet selbiges Jahr kein Trunk, er mag saufen, wie er will.

(VI., 53) Wer Bier holet, soll sein Wasser nicht abschlagen, sonst bekömmt man die kalte Pisse.«

Auch in den Jahrzehnten danach hat das erzgebirgische Bier immer wieder durch seine Vielfalt, seine Würze, seine Reinheit, wegen seiner Qualität die Bierkenner und -genießer überzeugt. Schon während der Kriegsjahre, aber besonders ab 1945 wurde die Vielfalt der erzgebirgischen Biere - wegen der Verluste an Brauereien durch den Krieg selbst und später durch allmähliche und teilweise rigorose Verstaatlichung - stark eingeschränkt. Nur wenige kleine Brauereien konnten überleben. Die Gegenwart ist unseren einheimischen Biersorten wieder günstiger gesonnen und so haben die Biere u.a. aus Olbernhau, Oberscheibe, Ehrenfriedersdorf, Chemnitz, Gersdorf, Freiberg einen relativ guten Ruf und Geschmack, der jener einst früheren Biervielfalt nahe kommt.

Brauerei Vonend, Buchholz um 1930

Hopfenanbau im sächsisch-böhmischen Erzgebirge

Abgesehen von den Kräuterbieren des Mittelalters – wie sie noch bis in das 19. Jahrhundert auch im Erzgebirge anzutreffen waren – wurde zum Brauen von Bier im sächsisch-böhmischen Erzgebirge auch zunehmend Hopfen verwendet. Dabei handelt es sich allerdings nicht um die gesamte Blüte, sondern um einen kleine Teil der unreifen weiblichen Hopfenblüten: Das Hopfenmehl, das die Bitterstoffe, das Harz und entsprechende aromatische Öle enthält, um dem Bier seine unverwechselbare Würze zu verleihen.

Die Brauereien in den Bergstädten und in den Klöstern haben sich mit Hopfen aus Franken, bzw. aus dem nahen Böhmen versorgt. Parallel zum Ausbau des Brauereiwesens entwickelte sich in unserem Gebirge ein relativ planvoller Hopfenanbau in klimatisch geeigneten Gegenden.

Im Tal der Zschopau, unweit von Scharfenstein, liegt das Dorf Hopfgarten. Bereits im Jahre 1386 wird es urkundlich als »Hopphegarten« und schließlich 100 Jahre später als »Dorff Hoppfengarten« erwähnt.

Bekannt ist ebenfalls, dass in den Gegenden um Gelenau, Wolkenstein, Venusberg, Thum und Drebach im 15. Jahrhundert Hopfen angebaut wurde.

Im »Landwirtschaftlichen Lehrbuch aus der Zeit des Kurfürsten August von Sachsen« wird 1910 darauf hingewiesen, dass der Hopfenanbau auch im sächsischen Erzgebirge im 16. Jahrhundert offensichtlich erfolgreich betrieben wurde. Bekannt ist zudem, dass anstrengende Frohndienste für das Hopfenpflücken in einigen der genannten Orten verrichtet werden mussten.

Genau wissen wir es aus dem Jahre 1551 vom Kammergut bei Stollberg, wie auch später vom Rittergut Neudörfel (heute Neuschönburg) bei Ortsmannsdorf.

Auch Walter Fröbe erwähnt den Hopfenanbau in seiner Geschichte der Stadt Schwarzenberg: »*Die Bürger sind an erster Stelle Bauern, die nebenher auch ein Handwerk treiben. Von den 48 Altbürgern sind 1550 sämtliche Bauern; sie haben insgesamt 195 Kühe und 9 Ziegen. Der Anbau von Korn, Hafer, Gersten und Weizen ist bezeugt, ebenso von Hopfen und Mohn.*«

Möglicherweise hat der Hopfenanbau in den späteren Jahrhunderten nicht mehr die Bedeutung erlangt, wie dies in der Besiedlungszeit der Fall war. Im ausgehenden 18. Jahrhundert wird auch die Böhmische Konkurrenz, besonders auch hinsichtlich der Hopfengüte, keine unwesentliche Rolle beim Zurückdrängen des heimischen Hopfens gespielt haben. Neben den »glücklichen Versuchen« die dem Königreich Sachsen beim Anbau des Hopfens in historischen Veröffentlichungen bescheinigt werden, wird doch auch immer wieder darauf hingewiesen, dass der zunehmende Hopfenbedarf nicht mehr aus einheimischen Aufkommen gedeckt werden kann und immer größere Teile aus Bayern und Böhmen besorgt werden müsse.

Im 19. Jahrhundert könnte es nochmals zu einer Hopfen-Blüte-Zeit gekommen sein, in der man sich besonders von der böhmische Übermacht zeitweilig etwas trennen konnte. So kann dann schließlich auch in dem von Schumann 1814-1833 herausgegebenen 18-bändigen »Vollständiges Staats, - Post- und Zeitungslexikon von Sachsen« festgestellt werden: »*Mit dem Hopfenanbau hat man in manchen Gegenden, z.B. bei Zwickau, Schneeberg, Wildenfels u.s.w. glückliche Versuche gemacht und dadurch die Einfuhr aus Böhmen sehr vermindert .*«

Ein gewisser Hofverwalter Braun aus Härtensdorf wird in den Schriften immer wieder als einer der Hopfen-Väter im »sächsischen oberen Erzgebirge« erwähnt. Ihm ist wahrscheinlich auch die zeitweilige Zurückdrängung des Hopfen-Importes zu verdanken. Schumann schreibt dazu im 10. und 11. Band seines umfangreichen Werkes u.a.: »*Zu Härtensdorf gründete der Hofverwalter Braun ums Jahr 1788 zuerst den Hopfenbau im sächsischen höheren Erzgebirge ...*« Und im Zusammenhang mit dem weiteren Aufblühen des Brauereiwesens im Erzgebirge schreibt er im Bezug auf Schneeberg:

»*In den 90er Jahren dachte man ernstlich daran, die Braunahrung wieder zu heben, und errichtete nicht nur eine nützliche Brau- und Malzkasse, sondern legte auch (bes. durch den Kaufmann Etler) vor dem Hartensteiner Thore, beim Schießhause, mehrere Hopfengärten auf Gemeindeboden an, welche 1801 schon 195 Schfl lieferten, und wovon 1807 236 Thlr., 14 5/6 Gr. als reinen Gewinn fielen.*«

Vom Humulus lupulus (Echter Hopfen) sind zahlreiche Anwendungsarten sowohl im Hinblick auf die Volksmedizin, aber auch in der Küche überliefert.

So wird von Dr. Born aus Schneeberg 1823 empfohlen, getrocknete Hopfenblüten mit heißem Wasser zu übergießen, kurz ziehen zu lassen, abseihen und eine halbe Stunde vor dem Insbettgehen schluckweise trinken.

Ein solcher Tee kann einen tiefen und gesunden, meist auch traumlosen Schlaf herbei zaubern. Dr. Born meint schließlich noch, »*daß Hopfen eine stark wassertreibende sowie eine beruhigende, ja sogar betäubende Wirkung aufweist und deshalb wird er bei gichtigen Gelenkschmerzen und Wasseransammlungen im Organismus angewendet.*«

Wirkungsvolle ist auch das sogenannte Kräuterkissen. Ein altbewährtes Schlafkissen, welches neuerdings in der Aroma-Therapie wieder zu Würden gekommen ist. Neben reichlich Hopfen-Zapfen werden in das Kissen aus Leinen auch noch getrocknete Lavendelblüten, Melissenblätter und Johanniskraut gestopft. Man muss nicht einmal unbedingt darauf schlafen, schon wenn es in der Nähe des Kopfes liegt, entsteht seine Einschlaf-Wirkung.

In Apotheken im Erzgebirge wurden noch im 20. Jahrhundert solch kleine »Kreiter-Schlaf-Säck'l« verkauft, deren Inhalt sich wie folgt zusammensetzt:

KRÄUTER SCHLAF-SÄCKEL

20 g Hopfen-Zapfen
10 g Melissenblätter
10 g Orangenblüten
(oder getroknete, ungespritzte Apfelsinenschale)
20 g Kamillenblüten
10 g Lavendelblüten
20 g Rosenblätter
(von einer Rose, deren Blätter auch im trockenen Zustand noch duften)

Dass der Hopfen bei der Bierherstellung eine wesentliche Rolle spielt, kommt auch der Bier-Küche und ihren vielfältigen Rezepten zugute. Seit der Sudkessel nicht mehr mit zur Aussteuer der jungen, heiratswilligen Mädchen gehört, wie dies noch im vorigen Jahrhundert in den grenznahen Dörfern des Erzgebirges der Fall war, und seit das Bier nicht mehr wie zu den Zeiten des Reiheschanks zu Hause gebraut wird, ist auch das Kochen mit Bier fast in Vergessenheit geraten. Dabei war es in der sächsisch-böhmischen Grenzregion früher durchaus üblich, im Winter eine heiße, aber dünne Biersuppe (aus Konfent) als Hauptmahlzeit zu sich zu nehmen und im Sommer eine Art Bier-Kaltschale zuzubereiten (Rezepte dazu siehe unter Kapitel »Bier-Küche«).

Die böhmische Köchin Magdaléna Dobromila Rettigová hat in ihrem Kochbuch von 1826 ein altes Rezept für einen sehr schmackhaften »Hopfenspitzensalat« von Alžběta Ludmila von Lisov (Lissova) aus dem Jahre 1661 übernommen:

»Man wäscht den jungen Hopfenspitzensalat zuerst in kaltem Wasser, dann putzt man ihn, kocht ihn so wie den Spargel im Salzwasser und läßt ihn kalt werde; hernach wird er mit Essig und Öl angemacht und mit gestoßenem Pfeffer betreut.«

Süss- und Mehlspeisen

Buchteln, Dalken, Kolatschen, Liwanzen...
Böhmens süsse Vielfalt vor dem
»Grenzdurchbruch« nach Sachsen

Die Erzgebirgsküche war bis in das vorige Jahrhundert hinein reich an süßen Vor-, Haupt- und Nach-Speisen, die in zahlreichen Haushalten zum Teil auch heute noch anzutreffen sind, in der Gastronomie aber in großem Umfang von süßer Tiefkühlkost, insbesondere von Eisprodukten, verdrängt wurden. Zu wenige Gasthöfe im Erzgebirge haben auf ihren Speisekarten typische süße Mehlspeisen, insbesondere als Desserts, im Angebot.

Viel historische Süßspeisen, die aber auch mitunter als eigenständige Hauptmahlzeiten angeboten wurden, kommen aus der erzgebirgisch-böhmischen Küche, und die ist diesbezüglich wiederum stark von der österreichisch-ungarischen k.u.k.-Küche beeinflusst. Aus der Fülle an Süßspeisen sollen hier nur die weiter gegeben werden, die entweder sehr selten oder gar nicht mehr auf Speisenkarten zu finden sind, deren Wiederbelebung aber durchaus zur Bereicherung unserer typischen erzgebirgischen Küche – hauptsächlich im sächsischen Teil unseres Gebirges beitragen könnten.

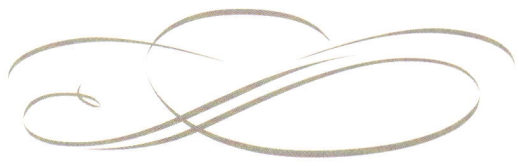

BUCHTELN 👨‍🍳 Rezepte nach Magdaléna Dobromila Rettigová

Etwa 80 g Butter in 125 ml lauwarme Milch geben. Ein Würfel Hefe (etwa 20 g) dahinein bröseln und unter Rühren auflösen. 500 g Mehl in eine Schüssel geben und 80 g Zucker sowie Eier dazugeben, dann die Milchmischung dazugießen, etwa ein Teelöffel Zitronensaft und eine Prise Salz. Alles zu einem Teig kneten. Danach die Schüssel abdecken und bei Zimmertemperatur eine Stunde lang den Teig gehen lassen. Eine Buchtelpfanne (mit Vertiefungen) oder eine Springform einfetten. Den Teig noch einmal durchkneten, eine lange Wurst daraus formen und diese in Stücke teilen (jedes Stück wiegt ca. 50 g). Jedes Stück mit dem Handrücken flachdrücken und einen Teelöffel Pflaumenmus in die Mitte setzen. Die Buchtelteig-Fladen über dem Pflaumenmus zusammendrücken und mit der Verschlussseite nach unten in die Springform setzen. Die Form mit einem Tuch abdecken und die Buchteln nochmal zehn Minuten an einem warmen Ort gehen lassen. Den Backofen auf 180 Grad vorheizen. Ca. 30 Minuten in den Backofen geben. Kurz vor dem Ende der Backzeit, wenn die Buchteln fast fertig sind und schon etwas Farbe angenommen haben, mit zerlassener Butter bestreichen und fertig backen. Die fertigen Buchteln vorsichtig aus der Form lösen, abkühlen lassen, dann entweder mit Vanillesoße überziehen oder dick mit Puderzucker bestreuen und noch warm servieren.

GESCHWINDE BUCHTELN 👨‍🍳

500 Gramm Mehl, 1/3 Liter Schmetten (Sahne), 3 Eidotter, 30 Gramm Preßhefe, 70 Gramm Butterschmalz und mach einen Teig an, dann gib dazu 34 Gramm Zucker (nach Original-Rezept), ein bischen Muskatenblüte, ein bischen geschnittene Lemonienschale ein bischen Salz, und arbeite den Teig ab; hernach nimm ihn auf's Nudelbrett, schneide daraus soviel Stückchen, als du Buchteln haben willst, zerwalke sie auf kleinen Finger dick, bestreiche sie entweder mit Mohn, Powidl (Pflaumenmus) oder Topfen (Quark), oder schmiere sie mit Butter und bestreue sie mit geriebenem Pfefferkuchen, rolle sie ein, lege sie auf die Bratpfanne in zerlassenem Butterschmalz, bestreiche noch jedes Buchtel auf den Seiten mit einer in Butter eingetunkten Feder, daß sie nicht zusammenkleben, und laß sie aufgehen, dann backe sie; wenn sie gar sind, stürze sie und laß sie auskühlen. Man kann die Buchteln auch in einer runden Form backen (Buchtelpfanne): man legt nämlich in die Form immer eine mit Mohn, eine mit Topfen, eine mit Powideln, und läßt sie so backen, dann stürzt man sie und bestreut sie mit Zucker.

DALKEN (VDOLKY) 👨‍🍳

200 ml Milch mit einem Teelöffel Zucker, einem Teelöffel Mehl und 20 g Hefe den Vorteig anrühren, 30-40 Minuten gehen lassen (sollte man Trockenhefe verwenden, dann braucht es keinen Vorteig). Jetzt 500 g Mehl, eine Prise Salz, 50 g Zucker, den Vorteig, 150-200 ml restliche Milch mit verquirltem Eigelb und 50 g zerlassener Butter zu einem glatten Teig verarbeiten, eine Stunde gehen lassen. Mit Nudelholz fingerdick ausrollen und mit einem Glas Plätzchen ausstechen. Auf ein mit Mehl bestäubtes Tuch geben und nochmal 30 Minuten gehen lassen. Erst zugedeckt in heißem Öl (oder Schmalz) auf einer Seite bräunen lassen, dann Deckel abnehmen und die Dalken umdrehen. Mit Pflaumenmus und mit saurer Sahne bestreichen. In Böhmen wird noch Krümelquark obenauf gegeben. Warm servieren.

Böhmische Buchteln

DALKEN (VDOLKY)

Ähnlich wie die Zubereitung von Dalken ist auch das Rezept für Kolatschen, das die böhmische Köchin Magdaléna Dobromila Rettigová in einer sächsischen und einer böhmischen Variante in ihrem Kochbuch die »Hausköchin« 1826 überliefert hat (Seite 127).

Dalken mit Marmelade, Pflaumenmus, Sauerrahm oder Schmetten

E Tippele Kaffee

De Walt ward itze ganz verdreht, es is gar nimmer schie,
ne ne Mensch sei bissel Si un Muß zielt när of Olbrich hie.
Ich pfeif of all dan Tu un Treibn, dos brengt när Ach un Weh.
Ich bi zed´freiden un vergnügt, ben Tippele Kaffee,
ben Tippele Kaffee, do tut mer aa nischt weh, ben Tippele Kaffee.

Paar gute Buhne, e bissl süß, wing gute Millich dra,
su wie sichs fer en Mensch gehört, net ebber sette Flaa,
zer dar mer sogt »Pulackenbrüh«, un »Lutsch« un aa nuch meh.
Nu, na ich maane richtigs guts, warmes Tippele Kaffee,
nort tut mer aa nischt weh, beim Tippele Kaffee.

Der aane trinkt es Bier su garn, der annre lieber Wei,
ober wenn se nochert älter warn,do kriegn se Schaarerei.
Do fahlts an Oten, un es kimmt es Reißen, ach, u-je.
Do hilft kaa Doktor, höchsten noch e Tippele Kaffee,
nort tut mer nischt mehr weh, beim Tippele Kaffee.

Wenn ich mich su zerückversetz un denk an gene Gahr,
wie uns der Brotkorb höher hing, un nischt ze trinken war.
Es gab när Rübn un Därrgemüs, mei Bauch schreit noch auweh!
Uns beste of der Walt gobs net, e Tippele Kaffee,
drim tat uns alles weh, ka Tippele Kaffee.

An Biertisch un ben Branntewei, do warn de Mailer gruß,
se reden überoll dreinei, nort gieht der Teifel lus.
Zerletzt kimmt nuch zer Raaferei, nort sei se of der Höh.
Do lach ich mir ne Buckl voll, ben Tippele Kaffee,
denn mir tut halt nischt weh, ben Tippele Kaffee.

Hans Soph (1869 Platten/Horni Blatna – 1954 Zwickau).
Er gehört neben Anton Günther zu den markantesten Heimatdichtern und Liedermachern des Erz-
gebirges. Auch er hat sich mit dem Essen und Trinken in seiner Heimat beschäftigt.

Runde, böhmische Kolatschen mit Mohn-Rosinenfüllung

SÄCHSISCHE KOLATSCHEN

Treibe 280 Gramm frische Butter ab, verrühre darin nach und nach 8 Dotter, und zwar gib immer einen Dotter und einen löffel voll Mehl; hernach gieße darin ebenfalls nach und nach 7 Deciliter Schmetten (Rahm, Sahne), gib beständig Mehl zu, dann Germ (Hefe), 70 Gramm gestoßenen Zucker, von einer Lemonie (auch Zitrone) die kleingeschnittene Schale, und soviel Mehl als nöthig ist, damit daraus ein leichter Buchtelteig wäre, arbeite ihn ab und lass ihn aufgehen, dann salze ihn, gib dazu ein bischen Muskatenblüte und schlage ihn ab; nun schneide runde Papiere so groß, als du die Kuchen haben willst, schmiere die Papiere mit zerlassener Butter, lege auf jedes ein Stückchen von dem Teig, zerwalke ihn ganz dünn, so dass man die Schrift durchsieht, wenn das Papier beschrieben ist, mache herum mit dem Messer von dem Teig ein Rändchen, dann schmiere einen Kuchen mit Powideln (Pflaumenmus), den anderen mit Mohn, den dritten mit Topfen (Quark), - versteht sich, daß alles gut zubereite sein muß – belege sie zierlich mit Rosinen und Mandeln, bestreiche sie oben samt dem Rändchen mit aufgeschlagenem Ei und laß sie auf dem Blech gemächlich backen; wenn sie gebacken sind, laß sie auskühlen, dann schlichte sie aufeinander, und zwar gib immer einen mit Powideln, darauf einen mit Mohn, dann einen mit Topfen, und so fort, bis alle aufeinander sind; sind sie jedoch von verschiedener Größe, so lege zu unterst den größten, dann gib immer einen kleineren und kleineren, so daß obenauf der kleinste kommt; es sieht wie ein Turm aus und ziert den Tisch.

BÖHMISCHE KOLATSCHEN

Treibe auf einer Schüssel 100 Gramm Butterschmalz und 100 Gramm frische Butter ab, dann verrühre darin nach und nach 6 Eierdotter, 30 Gramm Germ oder aufgelöste Preßhefe, von 4 Eiweiß den Schnee, ein Deciliter lauwarme Milch, einen gehäuften Löffel gestoßenen Zucker, von einer halben Lemonie die kleingeschnittene Schale, ein bischen Salz und 500 Gramm feines Mehl, arbeite den Teig aus, und laß ihn aufgehen. Indessen bereite die Powideln, Mohn und Topfen. Wenn der Teig aufgegangen ist, gib ihn auf ein mit Mehl bestreutes Nudelbrett, zerwalke immer ein Stück davon recht dünn, dann zerschneide es auf kleine viereckige Stücke, in die Mitte eines jeden Stückes gib ein Häufchen einer beliebigen Füllung, knüpfe alle vier Teigspitzen und zwar immer zwei gegenüber stehende zusammen, lege die Kolatschen auf ein mit Butter stark beschmiertes Blech, bestreiche sie mit aufgeschlagenem Ei, bestreue sie mit geschälten kleingehackten Mandeln, laß sie noch ein bischen aufgehen und dann backe sie in einer gut erhitzten Röhre; wenn sie gebacken sind, bestreue sie mit Zucker. Man kann auch einen großen Kolatschen über das ganze Blech machen, den Rand herumbiegen und mit Eiweiß bestreichen, den Kolatschen mit frischen Zwetschken-Hälften (Pflaumen) belegen, mit Zucker bestreuen und ihn backen lassen; oder man kann den Kolatschen vor dem Backen mit gut zubereitetem Topfen bestreichen und mit Rosinen ohne Kerne bestreuen – er ist auf jede Art gut.

Liwanzen

Zunächst wieder einen Hefeteig (siehe oben) herstellen. Wenn der aufgegangen ist, 30 g Butter zerlassen und 30 g Zucker, etwas Salz und Zitronenschale sowie zwei Eier verrühren. Die Mischung mit dem übrigen Teig verrühren. Zugedeckt etwa eine Stunde gehen lassen. Die Liwanzenpfanne (oder in einer normalen Pfanne) mit Schmalz ausstreichen und zwei Esslöffel von dem Teig in die Vertiefungen geben. Die Liwanzen etwa drei-vier Minuten von jeder Seite hellbraun backen und warm, entweder nur mit Puderzucker bestreut servieren oder je zwei Liwanzen mit Pflaumenmus (Powidl) füllen und mit etwas Sahne/Smetana garnieren. Dazu das Pflaumenmus mit der Zitronenschale und Zimt nach Geschmack verrühren.

Eierschecke

Die Eierschecke existiert in mehreren Varianten erst seit etwa 150 Jahren, was mit der Entwicklung der Küchentechnik, speziell der Konditoröfen zu Beginn des 19. Jahrhunderts zusammenhängt. Davor buk man sowohl Braten als auch Brot, Pasteten oder Kuchen in großen Gemeinschaftsbacköfen, in denen feines Backwerk nicht hergestellt werden konnte. Aber auch die Qualitätsveränderungen beim Mehl trug mit dazu bei, dass derartige leichte Kuchen gebacken werden konnten. Neben dem Triebmittel Hefe entdeckte man auch in diesem Jahrhundert die Eier als Treibstoff für den Teig, was eine Voraussetzung für die Eierschecke war. Als Eierschecken-Grenze wird im Norden Haldensleben-Doberlug-Kirchain und im Süden Schwarzenberg-Annaberg-Marienberg sowie die gesamte sächsische Grenzregion angesehen, wobei sie bisher kaum die Grenze ins böhmische Erzgebirge überschritten hat. Bei der erzgebirgischen Eierschecke handelt es sich meist um ein Rezept aus Dresden, dass leichte Wandlungen erfuhr. Im Conditorenlexikon des Oscar Bierbaum aus Straßbourg findet sich im Jahre 1898 folgendes kurze Rezept für »Dresdner Eierschecke«:

REZEPT

Aus 1/4 l Milch und Puddingpulver einen Pudding kochen und erkalten lassen. Für den Teig 370 g Mehl in eine Schüssel geben, in die Mitte eine Mulde drücken und die Hefe hinein bröckeln. Zwei Esslöffel Zucker und 300 ml lauwarme Milch darüber geben, die Hefe darin auflösen. Eine Prise Salz und 50 g Margarine zugeben und alles zu einem Teig verkneten. Etwa 30 Minuten an einem warmen Ort zugedeckt gehen lassen. Inzwischen 750 g Quark, zwei Eier, zwei Esslöffel Mehl und 40 g Zucker verrühren. Für den Eierguss 300 g Margarine (oder mit Butter gemischt) schaumig rühren. Acht Eier, 250 g Zucker und 100 g Butter dazugeben und schaumig rühren. Den Pudding durch ein Sieb streichen und mit der Masse verrühren. Den Teig auf einem gefetteten Backblech ausrollen. Die Masse aus Quark gleichmäßig auf dem Teig verteilen, den Eierguss darüber gießen und glatt streichen. Im vorgeheizten Backofen bei 170 Grad in etwa 45 Minuten backen. Vor dem Servieren mit Vanillezucker bestreuen.

Klassische Eierschecke

REFORMATIONSBRODELN

Die Erklärungen zur Herkunft und zur Symbolik des viereckigen Reformationsbrötchens (ein so genanntes Brauchtums- oder Gebildegebäck) sind zahlreich: So soll es eine Luther-Rose darstellen (die aber im Original aus fünf Ecken besteht), mit der der Reformator seine Briefe signiert hat. Das rote Herz in der Mitte mit Kreuz wird mit etwas Marmelade symbolisiert. Es kann aber auch, nach anderen Erklärungen, eine Mitra/Bischofsmütze zeigen. Eine weitere Deutung besagt, dass die vier Ecken je einem Mitstreiter Luthers gewidmet sind. Das Reformationsbrötchen ist im gesamten Reformationsgebiet bekannt und wird auch hier noch gebacken. Besonders im Erzgebirge anzutreffen: 1539 offizieller Beginn der Reformation in Annaberg zum Fürsten-Treffen der Wettiner nach dem Tod von Herzog Georg dem Bärtigen. Es ist noch Brauch, dass meist im Oktober (31. Oktober ist Reformationstag) Reformationsbrötchen (auch Reformationsbrote) in manchen Bäckereien angeboten werden.

REZEPT

500 g Mehl, ein Päckchen Hefe, eine Prise Salz, zwei Esslöffel Zucker, zwei Esslöffel Butter und 125 ml lauwarme Milch zu einem Teig vermengen und an einem warmen Ort gehen lassen; dann ausrollen und 10 - 12 cm große Vierecke ausschneiden oder ausrädeln. Die Zipfel zur Mitte hin einschlagen und dorthin einen kräftigen Klecks Marmelade (ev. mit Rosinen vermischt) geben; noch paar Minuten gehen lassen und in der Röhre knusprig ausbacken.

NIKLAS-ZOPF

Er kommt aus dem katholischen böhmischen Erzge-birge und ist dort ein mehrfach geflochtener Striezel (mitunter mit Mandeln oder Nüssen bestreut). In seiner meist dreifach geflochtenen Form (Symbol für die Hl. Dreifaltigkeit: Gott Vater, Sohn und Hl. Geist) ist er in manchen Orten des Erzgebirges – aber insbesondere auf böhmischer Seite - noch anzutref-fen. Meist wird er zwei bis drei Tage vor dem 6. De-zember (Nikolaustag) in Bäckereien angeboten.

Der Niklaszopf wurde in reformatorischer Zeit wegen der ehemals katholischen Heiligenverehrung des Hl. Nikolaus abgelehnt, obwohl sich in Luthers Haushaltsrechnung für die Jahre 1535/1536 eine Position »Geschenke für St. Niklas« befindet. Gott-fried Scheffler aus Annaberg schreibt um 1800 dazu: »*Nikolausabend, 6. Dezember, wird den darauf fol-genden Sonnabend durch eine Art Markt gefeiert. Die Bäcker backen sogenannte ´Niklaszöpfe´, ein zopfartig gewundenes Gebäck von Hefeteig. Die Kinder werden mit kleinen Geschenken erfreut. Die Schüler an der Elementarschule beschenken ihre Lehrer mit Niklas-zöpfen. Die Bürger aus den mittleren Ständen versam-meln sich in den Bierschänken und auch die höheren Stände haben ihre Festlichkeiten, in Souper oder gesel-liger Zusammenkunft bestehend.*«

REZEPT

Aus 750 g Mehl, 150 g Zucker, ein Päckchen Hefe, ca. 350 ml Milch, etwas Zitronenschale, 125 g Butter, vier Eigelb wird ein Hefeteig hergestellt; gut gehen lassen; dann vier Esslöffel Rosinen, drei Esslöffel Zitronat und fünf Esslöffel gehackte Mandeln darunter arbeiten; jetzt Teile vom Teig abnehmen und zu 3 oder 4 Würsten rollen, verflechten und auf ein Stück gefettetes Pergamentpapier legen und das auf ein Kuchenblech. Von weiteren 2 - 4 Würsten aus Teig wieder einen Zopf flechten und auf den schon geflochtenen legen; die Zöpfe eventuell in der Mitte und an den Enden mit Zahnstochern feststecken; dann mit verquirltem Eigelb bestreichen und mit kleingeschnittenen Mandeln bestreuen; etwa 45 Minuten in der Röhre backen. Mit zerlassener Butter bestreichen und mit Staubzucker bestreuen.

Ardeppelkuchn (Kartoffelkuchen)

SCHWARZBROTKUCHEN

Es ist anzunehmen, dass dieses Rezept aus dem Norden (dänischer Schwarzbrotkuchen) über Franken und dem Vogtland auch in das sächsische Erzgebirge kam. In historischen sächsischen Kochbüchern wird er auch als »sächsischer Gebirgskuchen« erwähnt. Er soll bis etwa 1960 noch in erzgebirgischen Bäckereien angeboten worden sein.

REZEPT

Eine gusseiserne Kasserolle wird mit Fett ausgestrichen, 500 g Schwarzbrot (möglichst Schrotbrot) zerkrümeln und in wenig Wasser aufweichen lassen, drei Esslöffel Rosinen in Schnaps einweichen, inzwischen 500 g Äpfel schälen und in Scheiben schneiden. Wenn das Brot gut durchgeweicht ist ausdrücken und mit drei Eiern mischen. In die Kasserolle nun Brot, Äpfel, Rosinen (immer abwechselnd ein paar mal) schichten (zum Abschluss aber Brot) einfüllen. Es kann auch noch Zucker und Zimt zwischen die Schichten gestreut werden. Oben mit leicht zerlassener Butter bestreichen und etwa 45 Minuten in der Röhre backen, danach mit Zucker und Zimt bestreuen und noch warm auftragen.

ARDEPPELKUCHN (KARTOFFELKUCHEN)

Der Kartoffelkuchen wurde meist parallel zum Stollenbacken hergestellt. Aber auch im Herbst (Kirmes) oder vor Feiertagen hatte das Backen von Kartoffelkuchen im Erzgebirge eine weitverbreitete Tradition, die durch das »Kuchensingen« noch unterstützt wurde. Kinder und Erwachsene zogen mit Kuchensinger-Liedern von Haus zu Haus und ersangen sich so ein oder mehrere Stücken Kuchen. In den bürgerlichen Haushalten wurden zu diesem Zweck meist drei unterschiedliche Qualitäten gebacken: Den »reenen« oder weißen Ardepplkuchn aus bestem Weizenmehl für den eigenen Bedarf, den »halbdicken« (Weizen/Roggen zu je 50 %) für die Verwandtschaft, und den schwarzen aus Roggenmehl und im Herbst mit Kürbismus bestrichen für die Dienerschaft, aber niemals für die Kuchensänger, die bekamen von den beiden ersten Sorten reichlich angeboten, damit sie im nächsten Jahr wieder kommen sollten.

REZEPT

Aus 500 g Weizenmehl, 100 g Hefe, 10-12 gekochten und geriebenen großen Kartoffeln, sechs Eiern, 250 g Butter, 150 g Zucker und einer Prise Salz folgenden Teig herstellen: Hefe mit etwas warmen Wasser zergehen lassen, das Mehl unterrühren und gehen lassen. Dann die Kartoffeln, Eier, Butter, Zucker und Salz zu einem Teig feste durchkneten. Ausrollen, auf ein bemehltes warmes Blech geben, mit der Gabel Löcher einstechen, damit keine Blasen im Teig entstehen, zerlassene Butter darüber streichen, Zucker und Zimt darüber streuen und noch paar Butterflocken (Schminkele) aufsetzen. Etwa 30 Minuten in der Röhre backen.

DAMPFNUDELN

Es handelt sich dabei nicht um Nudeln, sondern um Klöße, die ihrer Herkunft nach aus dem süddeutschen Raum stammen (die dort Knödel genannte werden – Hefeknödel/Germknödel) und über Österreich den Weg in die böhmische Küche gefunden haben. Sie waren zur Zeit der Aussiedlungswelle 1945/46 auch im sächsischen Erzgebirge anzutreffen. Es besteht eine enge Verwandtschaft zu den Buchteln.

REZEPT

Aus 250 g Mehl, drei Esslöffel Butter, drei Esslöffel Zucker, ein Ei, Hefe, eine Prise Salz und etwa 125 ml handwarmer Milch (ev. noch etwas abgeriebene Zitronenschale) wird ein Hefeteig hergestellt. Aus dem Teig Klöße formen und in einer Kasserolle, in der vier Esslöffel Butter geschmolzen wurden, die Klöße einlegen, ringsum mit der zerlassenen Butter bestreichen, zudecken und 30 Minuten gehen lassen. Deckel abnehmen und in der Röhre goldgelb backen; mit 125 ml fast kochender Milch übergießen, mit Zucker und Zimt überstreuen und Brombeerkompott dazu essen.

BÄBE

Der Gugelhupf (sächsisch: Bäbe) galt im 18. Jahrhundert in Deutschland und Österreich als Statussymbol der bürgerlichen Küche, obwohl nachweisbar bereits die Bauernküche des 16. Jahrhunderts über Bäbe-Formen verfügte, die wiederum auf römische Zeiten zurück gehen. Die Bäben wurden auch in Sachsen nach unterschiedlichen Rezepten gebacken: Es gibt Bäbe-Rezepte aus Hefe-, Rühr- oder Biskuitteig, entweder recht einfach oder mit reichlich Zutaten: vielen Eiern, Butter, Mandeln, Zitrone oder Rosinen, mit Schokolade überzogen, mit Zucker oder Puderzucker bestreut. Das nachfolgende Rezept ist im Erzgebirge sowohl in der großen Bäbeform verbreitet anzutreffen, aber es wird auch in kleinen Förmchen gebacken und als süße Nachspeise mit Frucht-Soßen überzogen gereicht.

REZEPT

Eine Bäbeform (Napfkuchen, Gugelhupf) mit Fett ausstreichen, 500 g Zucker, 500 g Butter und vier bis fünf Eier schaumig rühren, ein Päckchen Backpulver, drei Esslöffel Rosinen und etwa 500 g Mehl sowie etwa 500 ml Milch mit den anderen Zutaten verrühren, in die Bäbeform füllen und in der Röhre backen. Nach Abkühlung die Bäbe auf einen tiefen Teller stürzen und mit Staubzucker bestreuen.

Fassel-Kuchen

Bei den folgenden Rezepten handelt es sich um den Versuch einer Rekonstruktion eines historischen Annaberger Gebäcks (in zwei Varianten), welches schon vor über 300 Jahren hauptsächlich auf der Annaberger KÄT (aber auch auf Kirmes-Festen im Erzgebirge) angeboten worden sein soll. Letztmalig ist es in den 30er Jahren des vergangenen Jahrhunderts auf dem traditionsreichen erzgebirgischen Volksfest gesichtet worden. Es wird vermutet, dass der Annaberger-Salzer-Bäck das Rezept mit ins Grab genommen hat. Ungeklärt ist noch immer die sprachliche Herkunft des Gebäcks. Einmal soll sich der Begriff vom kleinen Faß (Fassl), in dem der Teig zubereitet wurde und längere Zeit reifen musste, herleiten. Andere meinen wieder, dass es sich dabei um ein Fastengebäck (Fastl-, Vasl-Kuchen) handeln könnte und in der Fastenzeit (KÄT als Ausnahme) verkauft worden ist. Unter den Aussagen älterer Erzgebirger, die den »Fasslkuchn« noch kennen, überwiegt die Vermutung hinsichtlich der Variante II, obwohl auch die »Honig-Variante« von einigen als die richtige angenommen wird.

Fassel-Kuchen (1. Variante) 🍳

500 g flüssiger Waldblüten-Honig wird mit 500 g Zucker verrührt und erhitzt, alles wieder erkalten lassen. 750 g Mehl, zwei Teelöffel Zimt, zwei Teelöffel gestoßene Nelken, drei zerstoßene Nelkenpfeffer (Piment) werden untergemischt, drei Teelöffel Pottasche und ein Teelöffel Hirschhornsalz werden getrennt in je zwei Esslöffel handwarmem Wasser angerührt und unter den Teig gegeben und kurz durchgeknetet. Der Teig kommt jetzt in ein abgedecktes Holz-«Fassl« und wird an einen kühlen Ort etwa zwei Tage gelagert. Vor der Weiterverarbeitung muss sich der Teig wieder auf Zimmertemperatur erwärmt haben. Jetzt immer eine halbe (bemehlte) Hand voll Teig nehmen und zu handtellergroßen, runden, dünnen Scheiben formen und auf einem leicht gefetteten Blech bei mittlerer Temperatur in der Röhre ausbacken.

Sollte noch ein Rest im »Fassl« bleiben, so kann er auch noch ein paar weitere Tage kühl aufbewahrt werden; vor einer Weiterverarbeitung müssen dann paar Stunden vorher noch etwas Honig und eine Prise Hirschhornsalz untergemengt werden.

Fassel-Kuchen (2. Variante) 🍳

500 g hellen Sirup erhitzen, eventuell abschäumen und erkalten lassen, mit 500 g Mehl (drei Teile Weizen- und ein Teil Roggenmehl) vermengen, 1 Teelöffel Zimt, zwei gestoßene Nelken, zwei gestoßene Kardamom, zwei gestoßene Nelkenpfeffer (Piment) sowie etwas Muskat und eine Prise Salz unter den Teig geben und weiter wie unter Variante I beschrieben verfahren.

Rekonstruierter Fasslkuchen, 2014

STOLLEN-GESCHICHTE

WEIHNACHTEN OHNE STOLLEN
IST WIE OSTERN OHNE EIER,
ODER EINE HOCHZEITSNACHT OHNE BRAUT.

Dass der Christstollen oder Weihnachtsstollen ein typisch sächsisches Weihnachtsgebäck, gar noch ein erzgebirgisches sei, widerspricht die Geschichte. Seine Wiege stand nämlich ehemals in Naumburg. Im Jahre 1329 wurde die Stolle erstmals urkundlich erwähnt und zwar in einer Urkunde aus der hervor geht, dass dem dortigen Bischof Heinrich I. von Grünberg (Amtszeit: 1316-1335) dieses Gebäck in der Fastenzeit überreicht wurde. Und so waren die ersten Stollen über viele Jahrhunderte ein recht mageres Fastengebäck, da ja der Advent - also die Stollenbackzeit - Fastenzeit war.

Die Form eines in Windeln eingewickelten Jesuskindchens hat sich bis heute erhalten, obwohl auch manche - abgeleitet vom Namen - den Bogen eines Stolleneingangs darin erkennen wollen. Um den mageren Stollen in den folgenden Jahren reichhaltiger auf den Tisch bringen zu können, musste die Erlaubnis des Papstes eingeholt werden, was aber erst zu Beginn des 15. Jahrhundert geschah (vermutlich von Papst Benedikt XIV., bürgerl.: Bernard Garnier aus Frankreich stammend und von 1425–1430 als Gegenpapst in Avignon residierte; andere Quellen meinen, dass es »Genießer«-Papst Eugen IV. bürgerl.: Gabriele Condulmaro aus Venedig stammend und von 1431–1447 regierend, gewesen sein soll).

Die Stollenproduktion, so wie wir sie noch heute kennen - fast auch auf die Zutaten genau - haben wir dann allerdings dem Genußmenschen August dem Starken zu verdanken, der sich im Jahre 1730 einen Riesenstollen von an die zwei Tonnen Gewicht hat backen lassen. Auf diese Jahreszahl geht auch die Tradition des Dresdener Stollenfestes zurück, das bekanntlich an jedem 2. Adventsonntag auf dem Striezelmarkt - dort heißen die Stollen ja Striezel - begangen wird. Obwohl die Marke »Dresdner Stollen« bereits vor der Wiedervereinigung der Deutschen bereits geschützt war, wurde dies in den Verhandlungen zwischen den damaligen beiden deutschen Staaten ebenfalls als eine schützenswerte Sache angesehen, so dass seit etwa 20 Jahren unter diesem Namen nur solche Stollen (Striezel) verkauft werden dürfen, die auch im Raum Dresden hergestellt wurden. Deshalb

nennen sich die aus unserer Gegend dann auch »Echt Erzgebirgischer Christstollen«, »Original Erzgebirgischer Christstollen« oder »Original Erzgebirgischer Butterstollen«. Heute gibt es neben dem dominierenden Rosinenstollen auch solche mit Mandeln, Marzipan oder Mohn, mit Zuckerguß oder Staubzucker. Viele großen und kleinen Bäckereien und Konditoreien überschlagen sich oftmals weit vor der Adventzeit mit ihren mitunter sehr schmackhaften Stollenangeboten, die sich in nahezu jeder Beziehung von den trockenen Teigangeboten (die leider auch oft den Namen Stollen missbrauchen) in den Supermärkten unterscheiden. Ob nun aus der Groß- oder Kleinbäckerei, ob aus Dresden oder Annaberg - ein Stollen aus Sachsen darf in der Weihnachtzeit eigentlich auf keinem Tisch mehr fehlen. Deshalb soll hier das historische Rezept zum Nachbacken folgen:

ARZGEBIRGISCHER WEIHNACHTS-STOLLN

1 ½ Pfd. Rosinen und ½ Pfd. Korinthen in Branntwein (am besten aber Rum) einweichen; einen Tag später 5 Pfd. Mehl in einen Backtrog geben; in der Mitte eine Delle machen und dort rein in ¼ l handwarme Milch verrührte, reichlich ¼ Pfd. zerkrümelte Hefe mit 1 Prise Zucker geben und mit etwas Mehl vom Rand zu einem leichten Hefestück vermengen: etwa 1 Std. an einem warmen Ort gehen lassen.
Dann 1 Pfd. Zucker. 2 Essl. Vanillezucker. 1 ½ Essl. Salz, 2 ½ Pfd. Butterschmalz (oder ½ Schmalz und 2 Pfd. Margarine), ¼ Pfd. Zitronat. 6 - 10 bittere Mandeln, ½ Pfd. süße Mandeln (beide gebrüht, geschnippelt und gerieben), etwa ¾ l lauwarme Milch mit dem vielen Mehl, dem Hefestück, den Rosinen und Korinthen gut durchkneten und für etwa 2 ½ Std. an einem warmen Ort gehen lassen; danach den Teig kräftig zusammenstoßen und nochmals kurz durchkneten; etwa 2 Pfd. schwere Teigstücke in Stollen formen, oben etwas der Länge nach einschneiden und auf ein gefettetes, bemehltes warmes Blech geben; nochmal etwa ½ Stunde gehen lassen und dann bei mäßig starker Hitze in der Röhre backen: mit einem Holzstäbchen nach einiger Zeit prüfen (wenn noch Teig dran ist, weiterbacken); fertige Stollen nicht ganz kalt werden lassen, mit zerlassener guter Butter bestreichen, mit Zucker dick bestreuen, nochmals mit Butter beträufeln und zum Schluss mit Staubzucker bestreuen; am Heiligen Abend zwischen Bescherung und Christmetten anschneiden und immer darauf achten, dass kein Stollen zerbricht, sonst »stirbt einer in der Familie«.

»Freiberger Bauerhase«

Über die Entstehung des Freiberger Gebäcks »Der Bauerhase« berichtet Dr. J. G. Th. Gräße im »Sagenschatz des Königreiches Sachsen«, Dresden 1874, folgendermaßen:

Der Bauerhase

»Markgraf Friedrich mit der gebissenen Wange liebte das zu seiner Zeit mächtig empor blühende Freiberg vor allen anderen Städten seines Landes und pflegte dort häufig Hof zu halten. Zu dem Kreise, den er dort gern um sich versammelte, gehörte ein Kaplan, der die Freuden der Tafel nicht verschmähte und ihm wegen seines muntern aufgeklärten Wesens besonders werth war. Eines Fastnachts-Dienstags hatten die Herrschaften bis nahe an Mitternacht getafelt, als der Markgraf seinem Koch, Namens Bauer, befahl, als nächsten Gang Hasenbraten auf den Tisch zu bringen. Der Kaplan, welcher des Guten vielleicht bereits genug gethan hatte, erhob jedoch hiergegen Einspruch und erklärte es im Hinblick auf die Mitternacht anhebende Fastenzeit für Sünde, nach der letzteren Beginn noch eine Fleischspeise zu sich zu nehmen. Während der Markgraf nun hierüber mit dem Kaplan in einen Wortstreit sich einließ, war der Koch, ein lustiger Patron, nachdem er verheißen. beiden Partheien alsbald gerecht werden zu wollen, in seine Küche gegangen, hatte von seinem Teig einen Hasen geformt,. denselben mit Mandeln wohl bespickt, und offerirte dieses Gebäck alsbald dem Markgrafen und seinen Gästen mit dem Bemerken, daß dergleichen Hasen wohl auch in der Fastenzeit mit Fug und Recht gegessen werden könnten.

Der Kaplan. den diese neue Speise reizte, erklärte dieselbe sofort für zulässig und der Markgraf, mit seinem Koch höchlich zufrieden. befahl, dass das neue Gebäck, dem er, seinem Erfinder zu Ehren. den Namen »Bauerhase« beilegte, in Zukunft stets seine Tafel während der Fastenzeit ziere.

Eine andere Erklärung des Namens ist, dass weil sonst die Bauern den Hasenbraten nur dem Namen nach nannten, da sie selbst nicht jagen durften, sie an Festtagen ein Gebäck in Form desselben machten, das sie scherzweise Bauerhase nannten. Nach dem Dresd. Anzeiger vom 6. April 1873 stammen die Freiberger Bauerhasen aber von dem sogenannten Osterhasen.«

Der Freiberger Bauerhase, gebacken von der Konditorei Hartmann, Freiberg

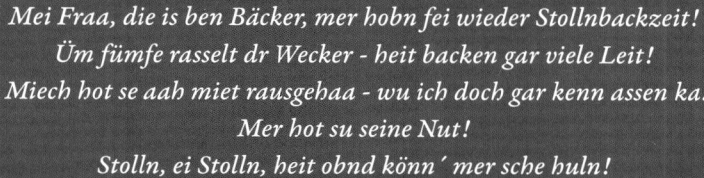

Mei Fraa, die is ben Bäcker, mer hobn fei wieder Stollnbackzeit!
Üm fümfe rasselt dr Wecker - heit backen gar viele Leit!
Miech hot se aah miet rausgehaa - wu ich doch gar kenn assen ka.
Mer hot su seine Nut!
Stolln, ei Stolln, heit obnd könn´ mer sche huln!

Mer hobn zwölf Stolln gebacken, fei schwarer asl es Sechspfundbrut!
Iech mußt de Manneln knacken, mit Manneln schmeckt er gut.
Von unnern Baam ben Wasserloch - ne Pflaummus hobn mer extra noch,
dan chmier mer ofn Brut!
Stolln, ei Stolln, war werd dä da kenn wolln?

Bei uns sei se viel besser als wie de Stolln wuannersch sei,
viel höcher un viel grösser - mir tu viel Mahl miet nei!
Dos Math derwagn senn richting Grund:
Mit Mahl, do sei de Stolln gesund, un mir dernoochert aah!
Stolln, ei Stolln, war werd kenn setten wolln?

Dr Stolln werd ageschnieten an erschten Weihnachtsfeiertog.
Erscht werd e weng gestrieten, weil kaaner´s Ranftel mog!
Noort tunk mer Stolln in Kaffee nei - dos soll fei uastännig sei -
ihr uastännign Leit!
Stolln, ei Stolln, es gieht nischt über Stolln!

Mol hatt mer enn vergassen, dan hobn mer fei in nächsten Gahr -
er war noch gut – gegassen, an – erschten Ganuar!
Un is de gute Stollnkist leer, guck mer, wu noch e Ranftel wär -
es Rastel Weihnachtszeit.
Stolln, ei Stolln, könnt mer´n erscht wieder huln!

Martin Hermann (1899 Freiberg – 1975 Freiberg): »Lied vom Butterstolln«

»Arzgebirgisches Dreierlaa«: Liptauer,- Aberthamer- und Schiebböcker Kaas

KÄSE

DAS »ARZGEBIRGISCHE DREIERLAA«
(DAS ERZGEBIRGISCHE DREIERLEI)

Die heutigen Speisekarten sind hinsichtlich der Nachtischkultur, wie sie in früherer Zeit auch im Erzgebirge gepflegt wurde, rar bestückt. Der Käse ist so gut wie überhaupt nicht mehr im Angebot, wenn von der standardisierten Käseplatte einmal abgesehen wird. Noch vor etwa 100 Jahren gehörten leichte Käsesorten zur Vorspeise, während der letzte Gang – zum Magenschließen – ebenfalls aus verschiedenen Käsesorten bestand. Obwohl das Erzgebirge zu keinem Zeitpunkt über eine Käse-Kultur wie etwa Frankreich oder Italien verfügte, sind doch drei Käsesorten zeitweilig weit über die Grenzen der Region bekannt und teilweise auch international gehandelt geworden: Aberthamer-Ziegen-Käse, Schibböcker-Kochkäse und Liptauer-Schafs-Käse, der eigentlich ein Kräuterquark ist.

ABERTHAMER-KÄSE

Die Region um Abertham/Aberthamy, aber insbesondere der böhmische Ort selbst, wurde im 17. Jahrhundert durch seine Käseproduktion nahezu in ganz Europa bekannt. Der Chronist des Erzgebirges, Christian Lehmann, schreibt dazu bereits 1699: »*Dieweil es aber dennoch um die Ziegen-Milch eine gesunde und um die Ziegenkäse eine appetitliche Sache ist / so haben sie doch noch ihre Patronen gefunden / auch wohl unter denen / die ein genaues Auge auff sie haben solten / daß sie nicht gar ausgerottet sind / sondern mit Milch / Käse / Fleisch / Haut u. Haar denen gebirgischen Inwohnern dienen / u. werden die guten gebirgischen Ziegen-Käse von andern gesucht. Fürnehmlich die Aberthamer / die mit ihren Geschmack den besten Holländer-Texter-Käsen nichts nachgehen / ja gar unter die Leckerbißlein gerechnet werden. Und ist nicht zu läugnen, daß sie einen sehr angenehmen Geschmack haben / und einem Liebhaber auff der Reise wohl zustatten kommen / auf großer Herren Tafel auch die Ehre haben / daß sie die Mahlzeit beschließen. Die Ursache ist wohl keinen andere / als daß die Ziegen auf den hohen Gebirgen / da sie unter den köstlichen Kräutern die Wahl haben / nicht die schlimsten auslesen / und daher auch eine sehr gesunde und fette Milch geben / welche die Hausmütter geschicklich zu tractiren wissen / und daraus die köstlichsten Käse machen.*«

Christian Lehmann: *Schauplatz, 1699 und Ausführliche Beschreibung Des Meißnischen Ober-Ertzgebürges, 1747*

Bekanntlich hielten die Bergleute im Erzgebirge für ihre Eigenversorgung Ziegen (die »Kuh des Bergmanns«). Durch die Artenvielfalt unserer Kräuterwiesen gaben die Tiere eine fette und köstliche Milch, aus der auch ein schmackhafter Ziegenkäse hergestellt wurde. Auch über das Aussehen des Aberthamer-Ziegenkäses gibt es Überlieferungen: Er soll die Größe eines Zwiebacks oder eines »Zweithalerstückes« gehabt haben. Auf der Oberseite befand sich als Markenzeichen ein Loch. Die Farbe soll grünlich gewesen sein, weil getrocknete,

gemahlene Kräuter, zum Teil auch »leicht angeschimmeltes Brot« bei der Herstellung der Quarkmasse beigefügt wurden. Der Geschmack wird als lieblich, leicht salzig beschrieben. Die Konsistenz war locker aber nicht krümelig. Diese geschätzten Eigenschaften machten den Aberthamer Ziegenkäse über die Ländergrenzen hinaus bekannt und beliebt. Er spielte in der überregionalen Literatur eine wichtige Rolle, wie die zwei folgenden Zitate belegen, die sich an früheren Aussagen von Christian Lehmann orientieren:

»*In dem Gebürgen kommen ebenfalß die Schafe und Ziegen in keine geringe Consideration, so wohl wegen der gesunden Milch / als schmackhaften Käse; wie denn dabei die Aberthamer Ziegen-Käse / mit ihrem Geschmack mit besten Holländischen Texter Käsen die Wage halten / und vor die größten Delicatessen dieser Länder passieren.*«

Christian Stieff: *Einleitung Zur Historie des Chur-Fürstenthums Sachsen, 1714*

»*Die Ziegen-Milch gibt trefflich Käse, unter welchen sonderlich berühmt sind die Aberthamer-Käse, welche von Aberdam oder Abertham, einem Städgen zwischen Johann-Georgen-Stadt und Joachimsthal in Böhmen, in andere Länder verschickt, und unter die Delicatessen gerechnet werden.*«

Gottlieb Siegmund Corvinus: *Frauenzimmer-Lexicon, 1739*

Bekannt ist auch, dass das Rentamt (Steueramt) in Schwarzenberg die Aufgabe hatte, den Aberthamer Käse in großer Stückzahl aufzukaufen und an die königliche Hofküche nach Dresden zu liefern, was den Bergleuten, die auch oft Ziegen-Bauern waren, gute Einnahmen bescherte. An dieser Verdienst-Quelle wollten sich im Laufe der Zeit immer mehr Produzenten beteiligten, so dass der Aberthamer später auch aus Platten, Gottesgab, Preßnitz, Komotau, Joachimsthal, Johanngeorgenstadt, Wiesenthal und anderen Nachbarorten kam.

Abertham-Modesgrund mit Pleßberg

Obwohl die natürlichen Gegebenheiten des Erzgebirges und das Wissen dieser hochwertigen Käseherstellung stets auf diese Region begrenzt war, entstand dennoch ein Konkurrenzdruck unter den Erzeugern selbst, aber auch in anderen Regionen. So dauerte es nicht lange und es machte das Gerücht die Runde, dass dieser Käse seine grüne Farbe daher habe, weil er mit Leichenwasser hergestellt werde, was Ekel unter den Kunden auslöste und den Absatz zunächst drastisch reduzierte.

Diese Falschmeldung wurde jedoch rasch aufgeklärt und der wirtschaftliche Schaden hielt sich dadurch in Grenzen. Danach wurde behauptet, die Ziegen würden die jungen Bäume abfressen, sodass der Wald dadurch erheblichen Schaden nähme. Seitdem durften die Ziegen nicht mehr in jungen Baumbeständen geweidet werden. Das Gras und die Kräuter wurden nun gemäht und daheim im Stall verfüttert. Diese Maßnahme sowie das Eindringen anderer, auch ausländischer Käsesorten auf den heimischen Markt, ließ die Käseproduktion des Aberthamer in den zurückliegenden 200 Jahren zurück gehen und dann gänzlich versiegen. Mittlerweile gibt es diesseits und jenseits der erzgebirgischen Grenzregion einige hoffnungsvolle Versuche einer Wiederbelebung dieser historischen Köstlichkeit.

Ziegen lieferten nicht nur Fleisch, sondern auch die Milch für Käse und Quark

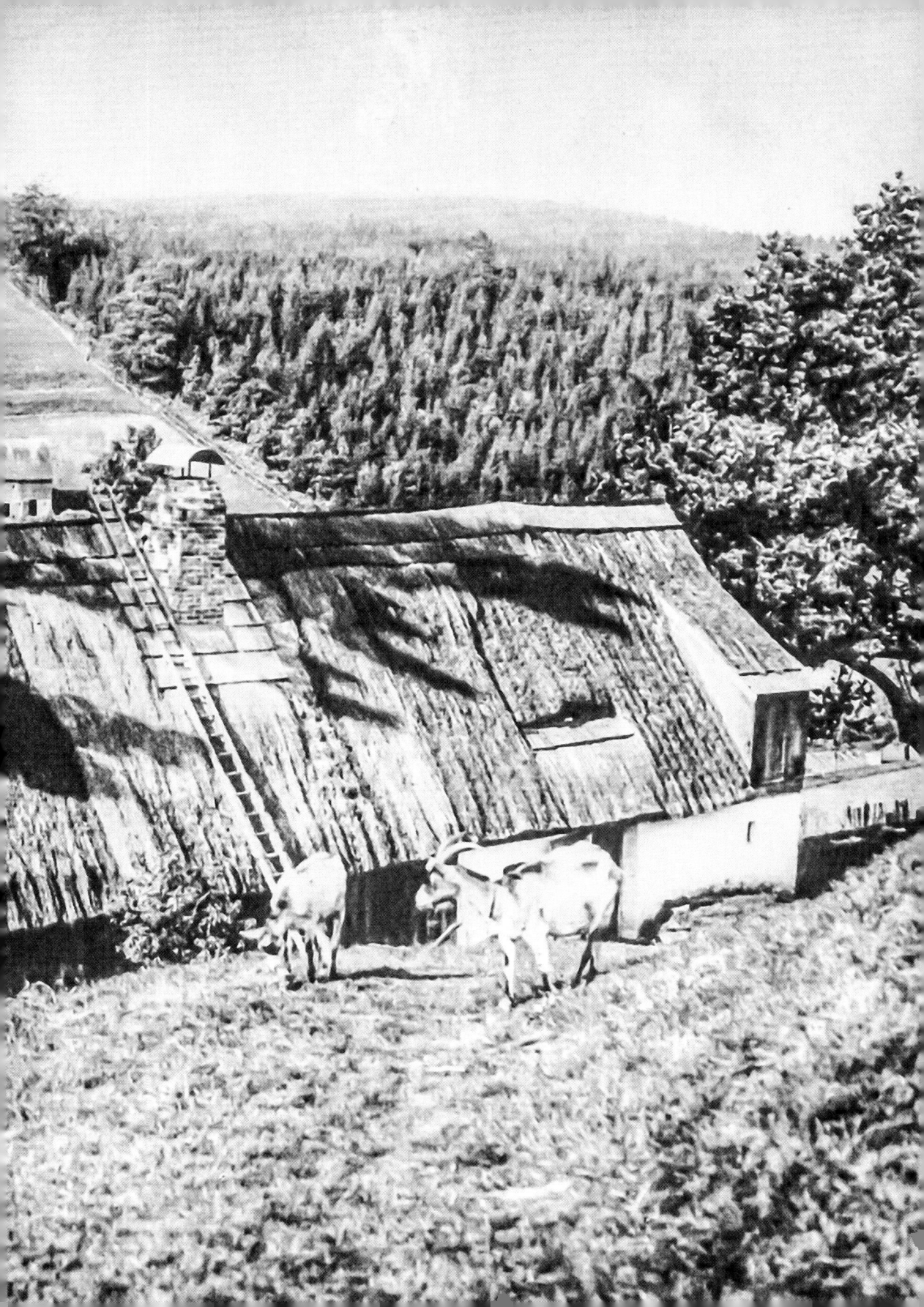

Schieb(b)öcker-Käse

Seinen Namen bekam dieser Kochkäse vom Schieb-bock (eine Art Holz-Schubkarren), mit dem ihn die Handelsleute (mitunter selbst »Schieb-Böcke« genannt) ausfuhren und auch gleich von diesem Wagen aus den Käse und andere Erzeugnisse verkauften. Insbesondere in und um Bockau, wo der Olitätenhandel (in Öl aufgesetzte oder destillierte Substanzen, Schnapsaromen, Kräuterauszüge u.ä.) eine Hochburg hatte, wurde auch dieser Käse produziert, verkauft und von dort aus vertrieben. Mancher »Schiebböcker« soll seine Ware auf seinem einrädrigen Gefährt bis zur Messe nach Leipzig gefahren haben, weil auch dort der Käse sehr beliebt war, wenn auch nicht in dem Maße wie der Aberthamer, der schon Jahrzehnte vorher in Leipzig gern genossen wurde.

In der heutigen Erzgebirgs-Gastronomie ist der Schiebböcker-Käse noch nicht ganz verschwunden. Bemerkenswert ist nur, dass er im Westerzgebirge wenig, im Obererzgebirge teilweise, aber im Osterzgebirge verbreitet anzutreffen ist. Dort wird er sogar in kleine Gläser oder Dosen abgepackt und zum Verzehr für außer Haus angeboten. Es lohnt sich, diesen schmackhaften, kräftigen Käse wieder verstärkt als eine typische erzgebirgische Spezialität in der gesamten Region zu verbreiten.

Rezept

In einer Pfanne, Tiegel oder Topf etwa 100 g Butter schmelzen lassen (darf nicht braun werden), es können aber auch 100 ml süße Sahne statt Butter genommen werden, und etwa 170 ml helles Bier dazu geben. Zwei bis drei Harzer Roller oder andere Magermilchkäse, der innen keinen weißen Kern mehr haben darf, werden in kleine Stücke geschnitten und dazu gegeben. Von einem Camembert-Käse wird der Edelschimmel abgeschnitten und kleingeschnitten kommt er ebenfalls dazu. Jetzt 10 bis 15 Minuten immerzu rühren, damit nichts anbrennt. Der Käse wird immer dickflüssiger, darauf achten, dass er keine Klumpen mehr bildet. Wenn der Käse zu fest wird, etwas Bier zugeben. Nun den Käse kräftig salzen, pfeffern und Kümmel (und/oder Knoblauch) dazugeben. Alles nochmal gut umrühren, in eine Schüssel oder in Gläser füllen und etwa 24 Stunden im Kühlschrank lagern. Je nach Konsistenz ist er dick-streichfähig oder kann in Scheiben geschnitten werden. Der Schibböcker-Käse wird z. B. mit Zwiebelringen belegt zu Roggenbrot serviert, oder auf mit Schweine- oder Gänseschmalz bestrichenen Schwarzbrotscheiben zum Bier gereicht.

E Gänsfettbemmel ass iech gern,
dos ka iech eich när sogn!
Wenn Gäns aus lauter Fett bluß wärn,
iech tät miech net beklogn.

Hob iech när frisches schwarzes Brut
un schmier mir Gänsfett drauf,
do här iech, dä dos schmeckt su gut,
mit Assen net mehr auf;

do ass iech aah de Ranfteln miet,
do lack iech's Gänsfett su,
un war miech sieht, kriegt Appetit
und langt geleich miet zu.

Dos aane, Leit, dos is gewieß:
Dan Topp, dan ass iech laar!
Sulang noch Gänsfett drinne is,
sulang muß Gänsfett har!

Manfred Pollmer (1922 Geyer – 2000 Geyer): »Gänsfett«

Liptauer-Käse/Quark

Der Name leitet sich von der heutigen slowakischen Region Liptau ab, die vor 1918 zum Königreich Österreich-Ungarn gehörte und von dort auch kulinarischen Einfluss bis nach Böhmen und in die erzgebirgische Grenzregion ausübte.

Der Liptauer-Käse ist noch heute als Brotaufstrich in Böhmen bekannt, herrscht aber in der slowakischen und österreichischen Küche vor. In Österreich ist er noch immer typischer Bestandteil des Speiseangebots beim Heurigen, und in Böhmen war er einst ebenfalls in den Wein- und Bierlokalen häufig auf den Speisekarten zu finden. Ab etwa 1946 war der Liptauer auch durch die deutschen Aussiedler aus Böhmen im Erzgebirge bekannt geworden. Aus Mangel an Schafsmilch wurde er meist aus Kuh-Quark zubereitet.

Für den echten Liptauer benötigt man den »Brimsen«, einen gesalzenen Frischkäse aus Schafsmilch, der heute noch in der Slowakei und Polen (unter dem Namen Bryndza) und in Rumänien (Brânză) hergestellt wird. Der durch ein Sieb gestrichene Brimsen,

man kann auch weiterhin Quark von der Kuhmilch verwenden, wird mit einem gleichen Teil schaumig gerührter Butter zu einer Creme verrührt und traditionell nur mit süßem Paprika, Kümmel, Pfeffer und geriebener Zwiebel gewürzt. Salz kommt nur dazu, wenn ungesalzener Quark benutzt wird. Die Verfeinerung der ursprünglichen Bauernrezeptur erfolgte durch die Zugabe von Kapern, Senf, Sardellen oder Sardellenpaste sowie klein gewürfelte Salzgurken. In alten böhmischen Rezepten wird Bier als Zutat empfohlen. In der aristokratischen Küche der k.u.k.-Monarchie wurde der Liptauer Käse zwar auch als Brotaufstrich gereicht, aber obenauf war er mit Kaviar und Schnittlauch garniert.

Für eine typisch erzgebirgisch-böhmische Käseplatte als rustikale Nachspeise, wird ein »Erzgebirgischer Käse-Dreiklang«, oder »Arzgebirgsches Dreierlaa«, bestehend aus Aberthamer-Käse, Schiebböcker-Käse und Liptauer-Käse auf Schwarzbrot mit Gänseschmalz und Bier (oder einen Schnaps, oder beides) empfohlen.

Kimmst de ins Gebirg mol nauf,
guck dir's a un acht mol drauf.
Hier bei uns, do muß mer sogn,
gibt's wos Guts für Gaum un Mogn!
Refrain: Lang när zu un aß wos miet!
Wünsch dir guten Appetit!
Loß dir's schmecken, aß dich soot!
War wos Guts ze assen hot,
daar is fei gut dra.
Komm un halt dich ra!

Grüne Kließ, a Stücker siebn,
gruß un rund, sei zun Verliebn.
Sauerbroten do drzu,
putzt e jeder wag im Nu!

Aah e Pfannel Raachermaa
is ne Gitt un is e Staat,
racht viel Butter na,
troppt aah dir geleich dr Zah!

Buttermillichgetzen gar
so ewos schmeckt wunnerbar,
hau när nei, su lang wie's gieht,
un aß net ne Taller miet!

Schwamme erscht, dos is e Labn,
's ka was Schenners gar net gabn,
aus'n Wald frisch reigehult,
hast se aah schu waggespult!

Manfred Pollmer (1922 Geyer – 2000 Geyer): »Lang när zu«

Karlovy Vary (Karlsbad), Kolonnade

STOCKDUMM - KALMUS - ANGELIKA

DIE 13. HEILQUELLE VON KARLSBAD
IST UND BLEIBT ABER DER BECHERBITTER,
DER GRENZÜBERSCHREITENDE UND WÜRZIGE BECHEROVKA.

Vier typisch-erzgebirgische und grenzüberschreitende Spirituosen, die für den Appetit anregend, der Verdauung förderlich und in Maßen der Gesundheit zuträglich sein können, sollten wieder verstärkt in unseren Gaststätten, bei Feiern mit Freunden oder auch nur als heimische Magenwärmer genossen werden.

Eine blühende Sommerwiese erweist sich als Paradies für Kräutersammler.

STOUGHTONS – STOCKDUMM

Der Apotheker und Pharmaloge Dr. Richard Stoughtons aus Großbritannien weilte zu Beginn des 18. Jahrhunderts im erzgebirgischen Bockau, um dort das Laborantenwesen zu studieren. Er interessierte sich auch für die einheimischen Wurzeln und Pflanzen wie u.a. für Enzian, Angelika, Kamille, die er mit Zimtrinde, Muskat und weiteren etwa 20 Inhaltsstoffen mischte, mit Alkohol versetzte und mit Braunrinde färbte.

Ein umständliches und kompliziertes Verfahren hatte dann ein Cordial-Digistat zur Folge, das um 1750 in London als zweiter medizinischer Magenbitter der Welt (ein anderer Engländer war etwas schneller) ein Patent erhielt. Da aber die Erzgebirger in ihrer Mundart den englischen Namen »Stoughtons« nicht korrekt ausprechen konnten, verballhornten sie ihn phonetisch zu »Stockdumm«.

Seitdem ist dieser magenfreundliche Likör unter diesem Namen bekannt geworden, obwohl ihn die Bockauer Destillateure in ihrer Liquermanufaktur noch immer und richtigerweise als außergewöhnliche Spezialität aus dem Erzgebirge unter dem Namen »Stoughtons« vermarkten.

Ob es sich dabei um den echten Stoughtons handelt, kann nachgeprüft werden, indem man die »Aecht Bockauer Magentropfen« - wie sie im Untertitel angePrisen werden – mit der gleichen Menge Wasser verdünnt. Findet ein Farbumschlag von dunkelviolett-braun nach dunkelgrün statt, hat man es mit dem Original zu tun.

Neben diesem Premium-Likör gibt es in unserer Region eine Vielzahl von Kräuter- und Wurzelliköre mit allerlei Fantasienamen, hinter denen das Produkt mitunter schwerlich auszumachen ist.

KALMUS

Leider darf Kalmus auf Grund einer neueren Arzneimittel-Gesetzgebung nicht mehr frei gehandelt werden, da er in größeren Mengen gesundheitsbeinträchtigend sein soll. Auf früheren Volksfesten lagen oft die kandierten Kalmus-Würfel neben den Ingwer-Stäbchen. Der Kalmus-Likör kam als magenfreundlicher Kräuterschnaps in manchen Haushalten nach jedem fettigerem Essen auf den Tisch. Auch in Gaststätten oder Cafés wurde er gern in Damen-Kränzchen genippt. Er ist eine Wurzel-Spirituose, die ihren Weg aus den Feuchtgebieten des Nordens auch in unsere Sumpfgebiete rund um Gottesgab, Bockau, Lengefeld gefunden hat und heute wieder zaghaft angeboten und als typischer Verdauungsschnaps aus dem Erzgebirge getrunken und sogar von Gästen als Souvenir aus der Region mitgenommen wird.

ANGELIKA – ENGELSWURZ Das alte Rezept eines Angelika-Likörs

»Man mische je 1 Teelöffel Engelswurz, Ingwer, Tausendgüldenkraut und Benediktenkraut mit 1 Teelöffel Apfelsinenschale und lasse dies alles in 1/4 Liter hochprozentigem Alkohol reichlich vier Tage ziehen. Dann alles abseihen und mit einem aus 1/2 Pfd. Zucker und 1/2 Liter Wasser gekochten Sirup vermengen und zusätzlich, je nach gewünschter Stärke, mit 1/2 bis 3/4 Liter abgekochtem Wasser auffüllen.«

Der Angelika-Likör wird in einigen Landgasthöfen nach Hausrezept hergestellt und angeboten. Auch als industriell hergestelltes Produkt ist er wieder verstärkt anzutreffen und als echt-erzgebirgische Spirituose geschätzt. Auf die zahlreichen Fruchtsaft-Liköre oder Spirituosen aus Hagebutten, Vogelbeeren, Schlehen oder Walnüsse soll hier nicht weiter eingegangen werden, da sie sich zwar auch im Erzgebirge etabliert haben, aber nicht immer typisch wie die oben genannten für unsere Region sind.

BECHEROVKA – BECHERBITTER

Der ehemals als Karlsbader Becher-Bitter benannte böhmische Kräuterschnaps gehört zu den markantesten Spirituosen Böhmens. Er hat sich auch im sächsischen Erzgebirge als ein typisches Produkt der Grenzregion etabliert. Er wird heute im Original nur von der Firma Johann (Jan) Becher hergestellt.

Der Becherovka wurde nach einer über Jahrzehnte geheim gehaltenen Rezeptur aus Kräutern und Gewürzen aus den britischen Kolonien vom Apotheker Josef Vitus Becher zunächst als »Englisch Bitter«, dann als »Karlsbader Bitter« in Karlsbad hergestellt und nach dessen Tod von seinem Sohn Johann Becher (1815-1896) weiter produziert. Im 19. Jahrhundert wurde diese Spirituose in Österreich-Ungarn und in Deutschland (zunächst Grenzregion zu Sachsen, dann Süddeutschland) ein enormer Verkaufserfolg. Nach dem Ersten Weltkrieg wurde die Bezeichnung »Karlsbader Becherbitter« und in tschechischer Sprache »Becherovka« gewählt. Wegen seiner Verbreitung und seinem Bekanntheitsgrad wurde er auch als »dreizehnte Quelle« der zwölf Heilquellen von Karlsbad bezeichnet. Neben zahlreichen internationalen Auszeichnungen erhielt der Likör auf der Pariser Weltausstellung 1900 den Grand Prix.

Nach dem Zweiten Weltkrieg und der Enteignung der deutschen Eigentümerfamilie Becher im Jahr 1946 wurde die Produktion stark reduziert. Ab 1962 steht die Firma als Staatsbetrieb unter der Leitung von Václav Lupínek (1993 privatisiert), er machte den Becherovka wieder zu der bekanntesten Likörmarke des Landes, der weit über die Grenzen Böhmens hinaus exportiert wird.

»Daß sich unter anderem der Becher'sche Original Karlsbader Englisch-Bitter als ein Schutzmittel bei Choleraepidemien erwiesen hat, wurde wiederholtenmalen bestätigt. Auch bei Influenza leistet er vorzügliche Dienste« - schreibt 1903 die Wiener Zeitung in in einem Artikel in ihrer Jubiläumsausgabe über Johann Becher.

Besuchenswert ist in Karlsbad das Becher-Museum, das Erinnerungen an die Geschichte der Nachkommen von Josef Becher, die wechselvolle Entwicklung des Unternehmens und die Herstellungsweisen des Karlsbader Becherbitters zeigt.

Angelika (Engelswurz)

Frische Blutwurst vom Sauschlachten

ESSEN UND TRINKEN IN TRADITIONEN UND BRAUCHTUM DES ERZGEBIRGES

VOM NEUNERLEI UND DER MARTINSGANS,
VON DER KÄT UND VOM SAUSCHLACHTEN, VOM HEBESCHMAUS
UND STOPPELHAHN - FÜR DE ARDÄPPLRAUSTUER.

Die Fest- und Feiergestaltung im Jahreslauf des Erzgebirges ist ohne Essen und Trinken kaum vorstellbar. Auf manche Feierlichkeiten wie Weihnachten oder Ostern, auf Hochzeiten oder Kindtaufen wurden schon Monate im voraus Geld und Produkte angespart, um sich und seinen Gästen eine nachhaltige Feier zu gönnen. Der Umfang und die Qualität der Speisen und Getränke hing auch hierbei vom sozialen Status, von den finanziellen Möglichkeiten und den jeweiligen Lebensbedingungen ab, die z.B. in den Bergstädten andere waren als in den Dörfern, auf sächsischer Seite andere als auf der böhmischen. Ein Hochfest, das nahezu in allen Ständen umfänglich begangen wurde und heutzutage seine flächendeckende Wiederbelebung erfährt, ist das Weihnachtsfest und hier insbesondere der Heilige Abend, der im Erzgebirge mit einem so genannten Alleinstellungsmerkmal aufwarten kann: Dem traditionellen Heilig-Abend-Essen – dem Neunerlei:

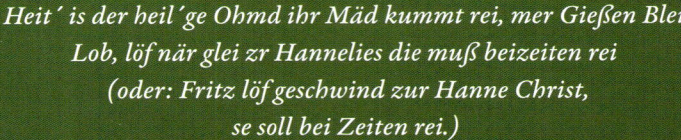

Heit´ is der heil´ge Ohmd ihr Mäd kummt rei, mer Gießen Blei.
Lob, löf när glei zr Hannelies die muß beizeiten rei
(oder: Fritz löf geschwind zur Hanne Christ,
se soll bei Zeiten rei.)

Mer hahm d´n Lächter a´gebrannt; satt nauf, ihr Mäd, die Pracht.
Do drühm bei euch, is a recht fei, ihr hot ‚ne Sau geschlacht.

Ich hob mer a e Lichtel köft, ver zwee un zwanzig Pfäng´.
Gi Hanne hui´ ä Tüppel rei, mei Lächter is ze eng.

Kahr, zindt ä Weihrauchkärzel a, doß a wie Weihnacht riecht;
unn stell's ner of des Scherbel dort, dos unnern Ufen liegt.

Lott´ dorten of der Hühnersteig do liegt men´ Lob sei Blei.
Mahd raffel fei nett sehr dort rüm, s´ist werd der Krienerts scheu.

Denn's Mannsvulk hat sei Frehd an wos, sei´s a an wos ner will.
Mei Voter hot's an Vugelstell´n, der Kahr, der hot's an Spiel.

Ich gieß fei erst, wann krieg´ ich da? Saht her en Hommerschmied!
De Karlin lacht, die denkt gewiß, ich man ihr´n Richter Fried.

Mer ham a sächzähn Butterstoll´n, su lang wie ‚n Ufenbank.
Ihr Mäd, do werd´ gefräss´n wär´n, mer wär´n noch alle krank.

Mer ham a (e) Neinerlaa gekucht, a Worscht unn Sauerkraut.
Mei Mutter hot sich o geplocht, die ale gute Haut.

Fritz brock de Semmelmillich ei, nasch ader net derfu.
Ihr Ghunge warft kee Raspel nei in's heilig Ohm'nd Struh.

War gieht den über'n Schwammentupp?! Nu Lotte ruh'ste nett!
Wart, wenn när weerd der Voter kumm', do mußt dee gleich ze Bett.

Nä hurcht ner a mohl in Ufentupp, dos Rumpeln und dos Geig'n.
Na wenn es när nett winseln tut, denn s'ist bedett's noch Leich'n.

Den heiling' Ohmd um Mitternacht, do läft statt Wasser Wei.
Wenn ich mich ner nett färchten tat, ich hult ,n Tupp voll rei.

Denn drühm an Nachbar'sch Wassertrug, do stieht ä grußer Mäh.
Und war nett rächte Tohzen hat, dän läßt er gor nett na.

Lob hui derweil ben Hanne Lieb, n Voter ä Kännel Bier.
Noch, wenn de kümmst, do singe mer: »Ich freue mich in Dir.«

Ihr Kinner, gieht in's Bett nu nuff, der Seeger zeigt seh u ens.
Ob mer ä Weihnacht wieder erie'm? Wie Gutt will, su gescheh's

Amalie von Elterlein, geb. Benkert
(1784 Annaberg – 1865 Schwarzenberg),
Tochter eines Kaufmanns und Handelsherren aus Annaberg.
1804 Hochzeit mit Gerichtsherren und Grundbesitzer Karl Heinrich von Elterlein.
Außer »Heiligohmdlied« ist von ihr keine weiter Dichtung bekannt.
Mittlerweile existieren über 100 Strophen vom Lied.
Hier sind die historischen in alt-erzgebirgischer Mundart veröffentlicht.

NEUNERLEI - NEINERLAA

Ursprünglich war das Neunerlei (mundartlich: Neinerlaa) ein aus neun Teilen bestehendes Weihnachtsessen, das traditionell nur am Heiligen Abend um 18 Uhr in der Familie verzehrt wurde. In manchen Gegenden wird auch am Silvester-Abend ein Neunerlei aufgetragen. Das Neunerlei am Heiligen Abend ist etwa ab Ende des 18. Jahrhunderts nachzuweisen (siehe »Heilig Ohmd-Lied«, 1799, Amalie von Elterlein: »...mer ham a Neinerlaa gekocht, e (a) Worscht un Sauerkraut«). Es ist zu vermuten, dass die Aufzeichnung der Amalie von Elterlein entweder auf eine frühere Quelle oder auf eigene familiäre Erfahrungen zurückgeht. Die o.g. Verszeile liegt in zwei Interpretationsformen vor: Einmal mit »... *e* Worscht un Sauerkraut«, und andermal mit »... *a* Worscht un Sauerkraut«. Daraus wurde kurzzeitig von Heimatforschern geschlussfolgert, dass es sich beim Neunerlei (ins Hochdeutsche übertragen) lediglich um eine Wurst und Sauerkraut handele, während das »a« aus der zweiten Variante in der Übersetzung als »auch« verstanden wurde. Durchgesetzt hat sich die »a«-Variante, weil sie auf die Mehrzahl der Speisen verweist.

Beim Neunerlei handelt sich um eine traditionelle Speisenkombination, die, mit mythologischen Symbolen aufgeladen, sowohl in der Bauern- und Bergmannsküche, als auch in der bürgerlichen Küche praktiziert wurde. Selbst in Hungerzeiten wurde auf das Heiligabend-Essen hin gespart und Vorrat angelegt. Wenn auch die Zusammensetzung der Speisenfolge und der Produkte von Ort zu Ort und von Familie zu Familie variieren können, so wurde doch meist darauf geachtet, dass die mystische Zahl neun eingehalten wird.

Nach dem Zweiten Weltkrieg ist der Gebrauch dieses Traditionsgerichtes rückläufig. Das kann sowohl mit einer Zurückweisung der mystischen Inhalte als auch mit einer aufgeklärten Haltung gegenüber dem Aberglauben zusammen hängen. Umfragen haben ergeben, dass bis 1989 nur noch in wenigen sächsischen Familien das Neinerlaa gekocht wurde. In böhmischen Familien kommt es nur noch ganz vereinzelt in der unmittelbaren Grenzregion vor. Ab 1991, mit dem Erscheinen des ersten Erzgebirgischen Kochbuches »Gutguschn«, in dem die Tradition und Zusammensetzung des Heiligabend-Essens der Erzgebirger ausführlich dargestellt wurde, setzte eine Renaissance dieses Gerichtes in erzgebirgischen Haushalten, aber insbesondere in der Gastronomie unserer Region ein.

Leider führte die neue Hinwendung zu diesem historischen Gericht auch zu seiner inflationären Ausbreitung. Zunächst fand man bereits in der Adventzeit auf nahezu jeder Speisenkarte ein Neunerlei-Angebot, dann wurde dieses Angebot in einigen Restaurants auf das gesamte Jahr (meist mit Vorbestellung) ausgedehnt.

Eine Alternative zu derzeitigen inflationären und damit sinnentstellenden Angeboten dieser historischen Speisenkombination könnte sein, ab dem 1. Advent bis 6. Januar dieses Gericht anzubieten und außerhalb dieser Zeit nur in absoluten Ausnahmefällen (z.B. bei Marketingaktionen, auf Messen oder als Werbemaßnahme im internationalen Rahmen).

Historisches Neinerlaa nach Christian Gottlob Wild, 1809

Zum historischen Neinerlaa

Überall dort, wo das Neunerlei noch nach alter Tradition und nur am Heiligen Abend gekocht wird, werden mehr oder weniger die Maßregeln für den Heiligen Abend eingehalten, die sich oftmals mit denen von Dr. Moritz Spieß, die er im Jahre 1862 bei seinen Wanderungen zusammengetragen hat, vergleichen lassen und die in den Jahren 1988/89 in verschiedenen Orten des Erzgebirges ermittelt wurden (vereinzelt auch im böhmischen Erzgebirge, wo es bis 1946 diesbezüglich Hinweise gibt):

So werden in einzelnen Familien keine ungerade Zahl von Kerzen auf dem Christbaum entzündet. Ebenso wird in Grünstädtel und Grumbach ein altes Säetuch als Tischtuch zum Neunerlei-Essen benutzt.

In Annaberg und Elterlein wird darauf geachtet, dass am Heiligen Abend keine ungerade Zahl von Personen am Tisch sitzt, sonst stirbt eines aus der Familie. Um diesen Spuk zu bannen, wird ein Teller mehr gedeckt - »für den fremden Gast, der noch kommen könnte«. Auch wird das Heilig-Abend-Geschirr nicht abgewaschen, ob aus Bequemlichkeit, aus überliefertem Brauchtum bzw. wegen der nachfolgenden Bescherung, aber vor allem, damit das Glück nicht aus dem Hause gespült wird.

Häufig ist noch anzutreffen, dass Kleingeld unter die Teller gelegt wird, seltener Stroh unter die Tischdecke (früher in der guten Stube oder Küche). Beides jedenfalls soll für das kommende Jahr das Geld im Hause nicht ausgehen lassen bzw. das Stroh in der Krippe des Jesuskindes symbolisieren.

In Ehrenfriedersdorf bedankt man sich nicht, wenn man das Weihnachtslicht beim Nachbarn anzündet. Dort wird auch am Heiligen Abend nichts verschenkt, verborgt oder verkauft. Eine Maßregel übrigens, die von Spieß ebenfalls mit der Begründung beobachtet worden ist »... sonst gibt man den Segen weg oder wird verhext!«

Auch wird in einigen Familien daran festgehalten, das Heilig-Abend-Licht nicht vom Tisch weg mit zur Metten zu nehmen. Schon 1862 wurde davor gewarnt, »... daß dann jemand im neuen Jahr sterben werde.«

Die Maßregel, die für Elterlein bestätigt wurde »... man esse von den verschiedenen Speisen mindestens drei Löffel voll, und wenn kein Gericht ganz aufgegessen werde, so habe man immer eine volle Küche ...«, scheint unmittelbar mit den neun Gängen am Heiligen Abend zusammenzuhängen. Denn in vielen Familien, damals vielleicht teilweise mehr als heute, ist an diesem Tag besonders reichlich gekocht worden. Einmal, um die neun Speisen auch ja vollzählig auf den Tisch bringen zu können, und zum anderen, um die sonst notgedrungene spartanische Ernährungsweise im Erzgebirge (Bauern-/ Bergmannsküche) an diesem hohen Festtage vergessen zu machen.

Bei aller Unterschiedlichkeit seiner Zusammensetzung von Ort zu Ort, von Familie zu Familie, bilden sowohl die Linsen als auch die Klöße und selbstverständlich die Zahl NEUN, die verbindenden Elemente des Neunerleis. Es sind also immer wieder die übrigen Gerichte, die z. T. beträchtlichen Variationen unterliegen.

Mehrfach wird in der Literatur der diesbezügliche Vers aus dem »Heilig-Abend-Lied« der Annabergerin Amalie von Elterlein benannt. Weniger bekannt ist der Hinweis auf das Neunerlei im »Heilig-Obnd-Lied« von Max Schreyer (dem Dichter des »Vugelbebaam«), der 1896 - sicher in Anlehnung an die bekannte Vorgängerin – dichtete: »Mir habn heit Kließ un Sauerkraut un Sellerisulat. De Klaane ißt de Kließ net gern, die kriegt e Rauche Mad.«

Christian Gottlob Wild, der das Erzgebirge um 1809 zur Weihnachtszeit von Neustädtl aus beschrieb, weiß zu berichten, dass dort am Heiligen Abend »... *Semmelmilch, Hering mit Milchbrey oder mit Äpfelsalat, oder Sauerkraut mit Wurst, wobei das Gläschen Schnaps nicht fehlen darf ...*« neben den bereits bekannten Speisen aufgetischt wurden. Da Wild eine nähere Erklärung zur Semmelmilch schuldig bleibt, sei hier die von Hugo Köhler angeführt (1824): »*De Mutter bracht noch e grüße Schüss'l Semmelmillich rei, dos war kalte blaue Millich*, in die Sammelstückle neigebrockt warn. De Schüss'l kam mittn of'n Tisch. Alles setzt sich rundrüm, un's Löffl'n gang lus.*« Die Beobachtungen, welche Christian Gottlieb Wild 1809 zum Neunerlei aufgeschrieben hat, sind die informativsten, und sie stimmen am meisten auch heute noch mit der Traditions- und Brauchtumspflege im Hinblick auf das Neunerlei im Erzgebirge (mehr in den Privathaushalten, weniger in den Gaststätten) überein.

Deshalb soll sein historisches Neunerlei - auch als mögliche oder verbindliche Rezeptempfehlung - auf Seite 171 wiedergegeben werden:

* kalte, gesüßte Milch

Die Suppe scheint eine recht zwiespältige Angelegenheit beim Neunerlei zu sein. Während in einigen Gegenden z. B. Fischsuppe oder Biersuppe mit Mandeln und Erdäpfeln als eines der neun Bestandteile gereicht wird, warnt Moritz Spieß davor: »*Man genieße keine Suppe, sonst tropft die Nase das Jahr hindurch (Ehrenfriedersdorf) und man esse keine Kartoffeln, sonst bekommt man Schwäre (Sosa), wird auch Erbsen zugeschrieben (Annaberg)!*«

Im böhmischen Erzgebirge wird zum Heiligen Abend traditionell Fisch, meist panierter Karpfen, serviert. Schließlich ist im katholischen Böhmen dieser Tag der letzte in der weihnachtlichen Fastenzeit. Mit den deutschen Aussiedlern kam 1945/46 diese Fisch-Tradition am Heiligen Abend auch in das sächsische Erzgebirge und wurde hier eine Zeitlang gepflegt. In den 60er Jahren des vorigen Jahrhunderts kam es zu Mischformen von Fleisch- und Fischgerichten. So wurde in einigen Familien mit böhmischen Wurzeln das Neunerlei mit einer Fischsuppe (aus Karpfenkarkasse) und paniertem Karpfenfilet eingeleitet, um dann die anderen Speisen anzuschließen. Um auf die Zahl Neun zu kommen, wurde z.B. auf die Semmelmilch und den Selleriesalat bzw. auf das Dörrobst verzichtet. Eine Tradition, die teilweise auch heute noch, insbesondere in der Grenzregion des sächsischen Erzgebirges, anzutreffen ist.

Karpfen paniert und in Butter gebraten

HISTORISCHES NEINERLAA NACH CHRISTIAN GOTTLOB WILD, 1809
(Foto Seite 167)

1.

Bratwurst oder Schweinebraten mit Linsen,
letztere damit man im kommenden Jahr viel Geld einnimmt oder besitzt

2.

Häring mit Apfelsalat

3.

Grütze oder Hirsebrei - damit das Geld nicht ausgeht

4.

Buttermilch, damit man keine Kopfschmerzen bekomme,
oder Semmelmilch, damit die Spitzen weiß bleiben

5.

Rothrübensalat, damit man rothe Backen behält,
oder Krautsalat oder Erdäpfelsalat

6.

Süßkraut, damit die Arbeit leichter werde
oder Sauerkraut mit Braten oder Wurst, auch Karpfen, Schöpsenfleisch und Weißkraut

7.

Klöße, damit viele Thaler einkommen

8.

Getrocknete Pilze, sauer oder gedämpft

9.

Gebackene Pflaumen, Dörrobst

HEILIGABEND-ESSEN IM BÖHMISCHEN ERZGEBIRGE

Nach einer Mitteilung der Fach- und Berufsschule für Gastronomie in Nejdek (Tschechien/böhmisches Erzgebirge), SOŠ a SOU Nejdek – Střední odborná škola a střední odborné učiliště, Rooseveltova 600, CZ 362 21 Nejdek, 2013

Der Heilige Abend gilt im böhmischen Erzgebirge auch heutzutage als ein Treffen der ganzen Familie. Den ganzen Tag über wird gefastet. Wenn es dunkel wird, werden die Kerzen angezündet und die Fenster beleuchtet, die Schwibbogen und die Kerzen sollen wie die Sterne den Weg zeigen. Das Licht war, ist und bleibt – nicht nur für die erzgebirgischen Bergleute – heilig. Aus der Küche kommt traditionell am Heiligen Abend meistens als ein Fastengericht Fisch mit Kartoffelsalat (Schnitzel, Hühnerfleisch und weiße Wurst gehörten zu anderen Tagen). An den Hängen des Erzgebirges war die Festtafel am Heiligen Abend meist sehr bescheiden: Ein paar Stücken Äpfel, der Tisch geschmückt mit getrockneten Ästen, Dörrobst von Äpfeln oder Birnen und nur bei einigen Leuten ein paar Nüsse und etwas süßes Gebäck. Die mit Zucker bestreute Weihnachtsstolle gab es nur auf den Tischen der reicheren Familien. Zu den gekochten und geschmälzten Kartoffeln gab es meistens Hering. Wenn dieser zwei Tage im Wasser oder Milch eingelegt und gut zubereitet wurde, war er sehr lecker. Es ist anzunehmen, dass er auch von unseren Vorfahren nicht filetiert wurde. Am Heiligen Abend gab es ein Heringsstück für jedes Familienmitglied.

Wer dann noch unter dem Teller mit Fischsuppe eine große silberne Fischschuppe findet, wird nicht nur Glück haben, er wird auch viel Geld besitzen. In den meisten Familien im böhmischen Erzgebirge folgt nach der Suppe am Heiligen Abend die Hauptmahlzeit, oft gibt es Kartoffelsalat und Karpfenfilets in Form von Hufeisen in klassischer Panade.

Grüner Hering

BÖHMISCHER KARTOFFELSALAT 🍳

1 kg in der Schale gekochte Kartoffeln
1 größere Zwiebel (in Würfel geschnittene und in Fett angeröstet)
Salz, eine Prise Zucker, gemahlener weißer Pfeffer,
3 TL Estragon-Senf, Erbsen und anderes konserviertes Gemüse
2 hartgekochte Eier
4 Gewürzgurken,
Joghurt, mit der hausgemachten Majonäse kann dieser gestreckt werden
Gurkenaufguss,
geriebener Apfel

Gekochte, noch heiße Kartoffeln werden in der Schale auf ein Backblech geben und mit der Gabel durchlöchert, nach dem Abkühlen schälen und in Würfel schneiden, angeröstete und fein geschnittene Zwiebel, Erbsen und geschnittene Eier dazu geben. Gemüse und Gurken fein schneiden, mit geriebenem Apfel und mit Senf abgeschmeckten Joghurt geben, salzen und pfeffern nicht vergessen und eine Prise Zucker kommt auch hinzu. Dem Geschmack und der Konsistenz entsprechend auch Gurkenaufguss und weiteres Gewürz zugeben. Alles gründlich vermischen, mit der Majonäse kann es abgeschmeckt werden, in die Salatschüssel geben und bis zum nächsten Tag ruhen lassen. Kartoffelsalat auf der Festtafel am Heiligen Abend in einer festlich geschmückten Salatschüssel servieren.

BÖHMISCHER HEILIG-ABEND-KARPFEN

REZEPT OHNE PANADE 🍳
Frisch ausgenommenen und gesäuberten Karpfen zerteilen, die einzelnen Portionen salzen, mit Knoblauch bestreichen und mit Mehl und Paprika einreiben. Die Karpfenportionen in der Pfanne anbraten und warm servieren.

REZEPT MIT PANADE: 🍳
Gesäuberte und entlang der Hauptgräte geschnittene Portionen vom frischen Karpfenfleisch filetieren, abtrocknen, mit Zitrone beträufeln und salzen. Mehl mit einem Ei und Salz verquirlten, Milch und Semmelbrösel vorbereiten. Die Portionen panieren in der Reihenfolge Mehl, Ei, Semmelbrösel. Die panierten Karpfenhufeisen in Öl oder guter Butter anbraten. Die Portionen nach Geschmack in warmer oder kalter Variante servieren.

Böhmischer Weihnachts-Striezel 👨‍🍳

Zutaten: Eine handvoll Mandelblättchen, 1 Ei zum Bestreichen. Teig: 150 g Butter, 500 g Mehl, 120 g Zucker, 3 dl Milch, 1 Prise geriebenen Anis, 2 EL gehackte Mandel, 1 Würfel Hefe, 3 Eigelb, Prise Salz, 1 Packung Vanillezucker, 2 EL Rosinen

Zubereitung: Butter weichen werden lassen. Nicht durch anderes Fett ersetzen! Hefe im Töpfchen mit etwas gesüßter, lauwarmer Milch aufgehen lassen. Butter mit Zucker schaumig rühren, Eigelb und Anis zugeben. Mit Mehl und einer Prise Salz eindicken, mit dem Hefeteig und dem Rest der Milch anmachen. Einen glatten und glänzendes Teig ausarbeiten. Teig für den Weihnachtsstriezel mit einem Tuch abdecken und an einer warmen Stelle 1 - 2 Stunden aufgehen lassen.

Den aufgegangenen Teig auf ein Nudelbrett geben, gewaschene Rosinen und gehackte Mandeln zugeben. Teig wieder ausarbeiten und in 9 Stücke einteilen. Aus 4 Zöpfen den unteren Teil flechten und auf ein gefettetes Backblech geben. Aus 3 Zöpfen die Mitte flechten und den Weihnachtsstriezel mit dem Ausrollen der letzten 2 dünnen, geflochtenen Zöpfe (Gebildebrot) abschließen. Auf dem Backblech lassen wir den Weihnachtsstriezel noch eine halbe Stunde aufgehen. Dann den Striezel mit verquirltem Eigelb bestreichen, mit Mandelblättchen bestreuen und im vorgeheiztem Ofen backen. Zuerst auf höherer, danach auf niedrigerer Temperatur.

Silvester/Neujahr

An diesem Tagen steht der Silvester-Karpfen im Mittelpunkt der Speisen-Tradition. Er wird als Glücksbringer für das Neue Jahr angesehen. Wer ein paar Schuppen (mancherorts auch ein Auge) in den Geldbeutel steckt, hat das ganze Jahr über ausreichend Geld.

Am Neujahrstag kommen Speisen auf den Tisch, die quellenden Charakter besitzen: Hirse, Erbsen, Linsen oder Reis. Sie bedeuten Fruchtbarkeit im Sinne von Zuwachs für die Familie, aber auch für das Vieh im Stall.

Dreikönigsfest – Hochneujahr (6. Januar)

Mit dem 6. Januar endet die Weihnachtszeit im protestantischen Erzgebirge, obwohl sich in letzter Zeit immer mehr der katholische Brauch durchzusetzen scheint, das Weihnachtsfest (auch aus merkantilen Gründen) erst am 2. Februar (Mariä Lichtmess) enden zu lassen. Der 5. Januar (der Tag vor Heiligdreikönige/Epiphanis) wurde einst auch als 3. Heiliger Abend bezeichnet, schließlich war dieser Tag bis 1914 ein offizieller Feiertag, an dem in traditionell handelnden Familien um 18 Uhr ein Neunerlei serviert wurde. Von einem frischen Brot wurde das Rämpftel abgeschnitten und bis zum Frühjahr aufgehoben. Das zerkrümelte Brot wurde dann unter die Körnersaat gemischt, um reiche Ernte zu erbitten. Im böhmischen Erzgebirge wurde der Vorabend zum 6. Januar auch als Kleinneujahrs-Heiligabend bezeichnet.

An diesem letzten Weihnachtstag wird auch angenommen, dass sich um Mitternacht Wasser in Wein verwandelt. Um diesen Zeitpunkt soll auch aus einem Brunnen nahe am Haus Wasser geschöpft und getrunken werden, damit es die Heilkräfte im neuen Jahr stärken möge. Im böhmischen Erzgebirge hängte man in dieser Nacht einen alten Knochen in einen Baum. Er soll, genau wie die Perchtenläufer mit ihren Masken, die bösen Geister vertreiben.

Mariä Lichtmess (2. Februar)

Es ist ein Tag der Kerzenweihe. In manchen Orten werden an diesem einst katholischen Fest brennende Kerzen in die Fenster gestellt. Feuer und Licht gelten an diesem Tag als Glücksbringer. Das Tageslicht hält länger vor und man kann das Abendbrot mitunter noch ohne Kerzenlicht einnehmen. Es wurde quellender Hirsebrei für gesunden Nachwuchs bei Mensch und Tier verzehrt, dazu ist ein recht lange Bratwurst verspeist worden, auf dass der Flachs/Lein ebenfalls lang werden möge.

Fastnacht

Wie Fastnacht und die Fastenzeit im Erzgebirge auch kulinarisch begangen wurden, beschreibt Gottfried Scheffler um 1800:

»Am Fastnachtstage gab es gewöhnlich geräuchertes Schweinefleisch mit Klößen oder Erbsen, in vornehmen Häusern wurden Pfannenkuchen gebacken, in Bürgerfamilien Hefeklöße. Das Brezelbacken begann früher erst zu Fastnacht und dauerte bis Ostersonnabend. Der Anfang bereits nach Neujahr besteht erst seit einigen Jahren. Die Brezelverkäufer hatten früher sogenannte Scharren, seit Neujahr 1859 aber bloße Papagenopfeifen. Die ganze Fasten- und Adventszeit wurde sehr heilig gehalten, da gab es keinen Tanz wie jetzt.«

In seiner Schrift »Interessante Wanderungen durch das Sächsische Obererzgebirge« schreibt C.G. Wild 1809: *»Unter den vorzüglichen Festen gehört die Fastnacht, eigentlich nur ein Fest für die Bergleute, aber in den meisten Orten nimmt jedermann daran teil«.*

Der Begriff des Festes hat eigentlich etymologisch nichts mit dem Fasten zu tun, sondern ist nach dem mitteldeutschen »vasen« benannt, was so viel wie »suchend umherschwärmen« bedeutet. Am Fastnachtsdienstag wird der »Spieß rein gesteckt« und gerufen:

»Foosend is, Foosend is!
Es riecht nooch Krappen un Pfaffernüß.
Foosend is, es riecht nooch Pfaffernüß!«

Dieses »Spießreinstecken« ist eine alte Tradition, die im sächsischen – und teilweise auch noch im böhmischen - Erzgebirge nahezu ungebrochen gepflegt wird. Dieser Brauch wird auch »Kräppeleschießen« genannte, weil entweder an einem selbstgebastelten Spieß um Brezeln (Fosendbraazen), Krapfen/Krappen (Pfannkuchen) oder Pfeffernüsse/Lebkuchen (Pfaffernüß) gebettelt wird, die dann vom Bäcker oder von den Bewohnern den Kindern auf die Spieße gesteckt werden. Die »bettelnden« Kinder wurden auch »Fosendknacker« genannt, von denen derjenige am meisten Anerkennung fand, dessen Spieß knackend voll war. Heutzutage hat sich neben dem Spießreinstecken auch ein einfaches »Fosendbattln« etabliert, in dem man von Tür zu Tür zieht und nach einem Fastnachtsspruch oder einem Lied meist Süßigkeiten erhält. Am Tag darauf – Aschermittwoch – beginnt die Fastenzeit.

GRÜNDONNERSTAG

Dieser Tag steht im Zeichen der erwachenden Natur, Vorfreude auf den nahen Frühling. Sowohl das Ei als auch der Hase (der zu Ostern die Eier bringt) sind Symbole der Fruchtbarkeit. Zum Frühstück oder zum Mittagessen gibt es daher gekochte Eier. Am morgen mit Anisbrötchen (Semmelgebäck mit Anis und Fenchel), Anisstollen oder Brezeln. Am Mittag wird eine Gründonnerstag-Suppe (Neunkräutersuppe/Neinkreitersupp, siehe Seite 28) gereicht, danach Kartoffelsalat mit reichlich Kräutern, die Gesundheit verheißen und Glück bringen sollen. Unter den Kräutern wurden in der Vergangenheit auch ein paar bittere (z.B. Löwenzahn) gemischt, sie sollten an die Knechtschaft Ägyptens über den Stamm Davids erinnern. Es war untersagt, an diesem Tag die Eier zu braten oder Fleisch zu essen.

Auch durfte am Gründonnerstag nicht gebacken werden, weil es sonst das ganze Jahr über regnen würde. Wer aber an diesem Tag Honig zu sich nimmt, der bleibt das ganze Jahr über von Bienenstichen verschont. Wasser, das um Mitternacht vom Bach unter einer Brücke geschöpft und getrunken wird, kann Augenleiden heilen und ist gut für reine Haut. Mancherorts wurden an diesem Tag auch die Eier für Ostern mit Safran, Rote Rüben oder Zwiebelschale gefärbt. Laut der »Kursächsischen Polizeiordnung« von 1612 war es verboten, um Eier zu betteln. So genannte »Sängerische«, wie sie von singenden Kindern am Gründonnerstag mitunter heute noch durchgeführt werden, standen unter Strafe. In dieser Zeit war auch der Verkauf von Eiern während der Fastenzeit in ganz Sachsen und in der böhmischen Grenzregion verboten.

GREGORIUS-FEST

Es war ein Schulfest, das zu Ehren von Papst Gregor dem Großen (590-604) in Sachsen seit 1418 bekannt ist und zunächst immer am 12. März begangen wurde. Ab dem 16. Jahrhundert wurde das Gregorius-Fest – vermutlich auch witterungsbedingt – in den Frühsommer verlegt. Aus dem erzgebirgischen Annaberg ist dieser Festbrauch seit 1512 (an der Lateinschule) auch als »Rutenfest« bekannt, weil an diesem Tag die Lehrer mit ihren Schülern in den Pöhlbergwald gingen, um dort die Ruten für die Prügelstrafen zu schneiden. Die Schüler verkleideten sich als »Direktor«, »Bischof« oder »Bürgermeister«.

Der Pfarrer hielt die Schulpredigt und die verkleideten Schüler erhielten von den Umstehenden Eier, Kuchen und Gregorius-Brezeln geschenkt.

Auch die Lehrer erhielten für jeden Schulneuling von dessen Eltern reichlich Eier, Würste, Käse, Kuchen und extra angefertigte Gregorius-Brezeln (einfacher Hefeteig mit Eigelb eingestrichen und mit Zucker oder Salz betreut) überreicht, die von den Lehrern bei einer abendlichen Zusammenkunft verspeist wurden.

OSTERN

So reich an Bräuchen und Verhaltensregeln, wie sie zur Weihnachtszeit für das Erzgebirge überliefert oder auch noch im Gebrauch sind, ist unsere Gegend in der Osterzeit nicht. Das Eierverstecken und -suchen, das Osterwasserholen oder die Mär vom Osterhasen, der die Eier bringt, haben wir mit anderen deutschen Landen ziemlich gemeinsam. Auch bei den wenigen erhaltenen typischen Erzgebirgs-Bräuchen ist die Herkunft meist nicht ausschließlich bei uns hier oben nachzuweisen, wie übrigens bei zahlreichen Bräuchen in der Weihnachtszeit ebenfalls. Und dennoch haben sich im Laufe der Jahrhunderte einige Rituale, Bräuche und Verhaltensmuster – meist auf dem Lande – erhalten und werden dort auch heute noch praktiziert:

Der Gründonnerstag, an dem eigentlich die grünen Zweige zu sehen sein sollten, ist der Tag, an dem viel Grünes auf den Tisch kommt: Grünes Gemüse, Zweige mit erstem Grün (in der Stube gezogen) und die Neinkreiter-Supp, die aus neun Kräutern besteht. Ihre Zusammensetzung ist von Dorf zu Dorf unterschiedlich und hängt auch vom jeweiligen Vorrat an Kräutern ab (frisch, getrocknet oder aus der Kühltruhe – die Grundsubstanz ist eine kräftige Brühe aus einem Suppenhahn). Aber neune sollten es unbedingt sein, sonst geschieht ein Unglück in der Familie. Entweder zum Frühstück ißt man gekochte Eier, oder aber dann zum Mittagessen, das ebenfalls aus Eiern, Kartoffelsalat und Rawinzeln (Rapunzeln, Feldsalat) besteht. In manchen Gegenden werden auch schon am Gründonnerstag die Eier versteckt. Ein rotes sollte immer dabei sein, da die Farbe rot die Fruchtbarkeit symbolisiert, genau so wie der Hase, der sie bringt. Der Liebsten wird am Ostermorgen ein rot gefärbtes Ei überreicht, während sie ihn mit Osterwasser bespritzt (ein Brauch, der auch in Böhmen üblich ist und um 1930 noch in Breitenbrunn und Geyer nachweisbar war).

Rute, rute Eier raus oder ich peitsch de Maadle aus,
wenn se kaane Maadle haben,
peitsch merIhne salberscht aus!

Das Backen eines Osterzopps gehört auch heute noch in einigen Familien zum Ritual 🍳
Ein Hefeteig wird aus 500g Mehl, 100g guter Butter, 40g Zucker, 5 Eßlöffel Zuckerrübensirup, einer Tasse warmer Milch, ein Ei, 40g Hefe, Prise Salz und etwas Nelkenpulver (Rosinen können sein, müssen aber nicht) hergestellt. Gehen lassen, dann drei gleich starke Rollen formen, die zu einem Zopf geflochten werden. Das Gebildebrot auf einem mit Butterbrotpapier ausgelegtem Backblech geben, weiter 15 Minuten gehen lassen und dann bei 180°C für etwa eine halbe Stunde in den Ofen. Der Osterzopf wird dann mit guter Butter oder Marmelade gegessen – und vielerorts auch eigediddscht. In manchen Gegenden werden auch Osterbrötchen oder Osterbrot mit Anis und Fenchel gebacken.

Osterwasser holen findet noch recht häufig im ländlichen Erzgebirge statt: Junge Mädchen (möglichst Jungfrauen) schöpfen am Ostermorgen aus einem nahen Brunnen oder einer Quelle frisches Wasser, das sie schweigend ins Haus tragen müssen. Die zweite Kanne, die sie danach schöpft, ist für das Vieh im Stall bestimmt. Diesem »heiligen« Wasser werden überirdische Kräfte nachgesagt. Jener heidnische Brauch ist von der katholischen Kirche übernommen worden und der findet sich in der Osterwasser-Weihe, wie auch in der Feuerweihe in der Osternacht wieder.

Vom Auspfeffern wird in alten Büchern berichtet. Ein Fruchtbarkeitsbrauch, der sich seit dem 15. bis in das 19. Jahrhundert im Erzgebirge erhalten haben soll. Man spricht auch vom »Osterficken«, wobei es sich bei der »Ficke« um eine alte Vokabel für die Peitsche handelt mit der die jungen Burschen ihre Mädchen am Ostermorgen (mit zarten Schlägen) aus dem Bett peitschten (»fickten«).

Sie schlichen sich dazu in ihr Schlafgemach, zogen die Bettdecke am unteren Ende hoch und schlugen – meist mit Wachholderzweigen – auf die nackten Fußsolen. Enttäuscht waren die Mädchen, bei denen sich kein »Schläger« einstellte. Im Anschluss war es Sitte, dass die Burschen ihre Mädchen mit Kaffee und Osterkuchen verwöhnten. Am zweiten Feiertag rächten sich dann die Mädchen und wiederholten das »Auspfeffern« (wie es im 19. Jhd. genannte wurde) an ihren Burschen. Dabei bedeutet das Schlagen mit der Rute eigentlich auch das Schlagen mit der Lebensrute, wie im alten Rom dieser Brauch schon gepflegt wurde und dort lumpercis oder die Lumpercialien hieß. Man nahm an, dass sich die der Rute inne wohnenden Naturkräfte auf den Menschen, aber auch auf die geschlagenen Tiere übertragen würden.

Beim Auspfeffern wurde folgendes Lied gesungen, das vermutlich auch in Mundart erklang:

Ich pfeffer einen schönen Herrn,
Ich weiß, er hat das Pfeffern gern,
Ich pfeffer ihn aus Herzensgrund,
Gott erhalt den schönen Herrn gesund.

In Böhmen gibt es traditionell zu Ostern
folgende Speisen:
Osterlamm, Kartoffelplätzchen, Judasgebäck
(Velikonoční Jidáše), Roggenschrippen

Die Annaberger KÄT 1913

HIMMELFAHRT

Das Fest Christi Himmelfahrt wird 39 Tage nach dem Ostersonntag (immer ein Donnerstag) begangen. Seit 1936 wurde es in den Niederlanden auch als »Vatertag« ausgerufen. Im Erzgebirge hat sich die Tradition von der »Herrenpartie« an diesem Tag mit viel alkoholischen Getränken, Zylinderhut, Spazierstock und Klingel erst Ende der 40er Jahre des vorigen Jahrhunderts eingebürgert. Im 18. Jahrhundert war auch in unserer Gegend teilweise der Brauch anzutreffen, an diesem Tag »Fliegendes« (also Hühner, Enten und Gänse) aufzutischen, um damit den Himmel-Flug/Fahrt von Jesus zu symbolisieren.

Ein Brauch, der offensichtlich aus Großbritannien und den Niederlanden zu uns kam, wo er noch heute gepflegt wird. Vielmehr gab es im Erzgebirge an diesem Tag viel Natur auf die Tische: Spinat, Brennnessel, Otterzungen, Gänseblümchen und Stiefmütterchen als Salat zubereitet. Wichtig war dabei, dass die Kräuter und Pflanzen am Himmelfahrtstag selbst gepflückt wurden, da sie nur dann Heilkräfte und Glück in sich trugen. Im Jahre 1867 bemerkt der Sagensammler des Erzgebirges, Johann August Köhler: *»Die Sitte, daß die Leute an dem Tag der Himmelfahrt auf die Dörfer in die Semmelmilch gingen, ist mehr und mehr in Abnahme gekommen«.*

ANNABERGER KÄT

Das Annaberger Fest der Heiligen DreieinigKÄT (Trinitatisfest), das größte Volksfest Sachsens, wird am 2. Sonntag nach Pfingsten seit 1507 gefeiert. Andere Namensdeutungen gehen auf die Beschützerin von Buchholz und Patronin der Bergleute, Katharina (de Kaat), zurück, oder meinen, dass das mundartliche »Gad« auch vom lateinischen Gaudium abgeleitet sein kann.

Auf diesem Wallfahrts- und Kirchweihfest kamen die kulinarischen Freuden nie zu kurz, obwohl Gottfried Scheffler aus dem 18. Jhd. zu berichten weiß: *»Das Trinitatisfest wurde früher in derselben Weise gefeiert. Nur war der damit verbundene Markt minder bedeutend, außer Kuchen und Bücklingen war nichts zu haben«.* Andere Zeitzeugnisse belegen, dass man an zahlreichen Buden seinen Appetit und Durst stillen konnte. Es wurde Zuckerwerk und Bratäpfel, gebratene und gekochte Wurst, Bücklinge und (eigeditschte) Fischsemmeln, Kuchen, kandierte Früchte und viele Biere und Schnäpse angeboten. Bekannt waren auch die KÄT-Brezeln und die KÄT-Fasslkuchen (siehe Seite 136). In seinen »Gedanken zum Trinitatisfest

in Annaberg« schreibt der Kürschnermeister Johann Gottlieb Grund, der Hans Sachs von Annaberg, um 1780 (mal hochdeutsch und mal in Mundart): *»Ist die liebe Kirche aus, hört man's gar schrecklich trommeln, und alles läuft zum Kirchhof naus, sich da nun auszutummeln, da gibt es Kuchen, Semmeln, Wurst, und Brantwein, zu stilln den Durst... Olln Teifel trifft mer dir do ah, Schnaps, Kirschen un Zitrune, do sieht mer ännen Bücklingsmah, hier ännen mit Melune. Da schrein än Bettelleute ah, un hier ä Guckekastenmah«.*

Die Annaberger KÄT 2011

KÄT-Einladung an eine Freundin

Hallo, du liebe Kät-e, hier gibts Fischbuletten ohne Kräte.
Doch möglichst nach der Schlickerbahn; sonst wirds feucht im Wackel-Kahn.

Statt Fischbrotl mit eiditschen, gibts ne Menge bunter Flitschen.
Auch das Puppentheater fehlt, mit dem Seppl, was mich quält.

Lilliputs machten tolle Schau, viele Kerle waren blau.
Boxen mit dem stärksten Mann, Reiten im Zelte, wer das kann.

Hippodrom, mit Bier und Musi, abends dann Busseln mit Gspusi.
Welsch-Eis hieß das Leckerli, vollgekleckert, war das schie!

Doch um achte gings e'heeme, mal zu zweet und mal alleene.
Denn der Vater wollte wissen, wen die Tochter fei könnt küssen.

Auf der Kät gings lustig zu, Opa wollte seine Ruh'
ging ins Bratwurschtglöckl, Mutter sucht am Schuh den Stöckl.

Der liegt in der Walzerfahrt, weil sie nicht zu bremsen ward.
Doch am Sonnamd krachts am Wald, Feuerwerker zündeln halt.

Knaller, Böller und Raketen, nun hat de Kät erfasst ein jeden,
Und wer es noch nicht geschnallt: diese Fete ist schön alt.

Bald fünfhundert tolle Lenze. Doch sie ist schön jung in Gänze,
weil von Dörfern und der Stadt jeder seine Freude hat.

Und so soll es immer sein! Bissel nostalgisch wäre fein:
Mit Puppen, Reiten, Mann und Weib und der Dame ohne Unterleib!

Hallo, du liebe Kät-e, komme her du alte Spröde,
nach Annaberg zum Fest und hohl dir hier den Rest...

Eveline Figura (1950 Annaberg-Buchholz)*

RICHTFEST – HEBESCHMAUS

Der Brauch des so genannten Bauhebens (Richtfest) wird im Erzgebirge noch heute gepflegt. Der Bauherr gab früher aus Anlass des Anbringens der Richtkrone auf dem fertigen Dachstuhl für die Bauleute Kaffee, Kuchen und Zigarren aus. Später kam dann Alkohol in Form von Bier, später auch Spirituosen dazu. Auch zwischen den einzelnen Bauphasen wurden die Bauarbeiter mitunter reich bewirtet. Nach dem Setzen der Richtkrone mit kleiner Fichte und dem entsprechenden Umtrunk, lud der Bauherr die Arbeiter und Gäste zum Hebeschmaus ins Gasthaus ein.

Dabei wurden Branntwein, Bier, Käse und Brot gereicht. Der Brauch hat sich bis heute erhalten. Es gibt meist Kartoffelbrei mit Sauerkraut und Bratwurst oder Schweinshaxe. Bauherren, die sich um den Hebeschmaus drücken, bekommen am folgenden Tag statt des grünen Bäumchens einen zerzausten Rutenbesen auf das Dach gebunden. Deshalb lässt »*auch der Ärmere und Geizigste Kuchen backen und gibt am Abend eine Festmahlzeit mit Bier und Branntwein*« - weiß Johann August Köhler 1867 zu berichten.

KIRMES

In manchen Dörfern des Obererzgebirges werden Erntedank und Kirmes als ein Fest gefeiert, obschon das Kirchweihfest inhaltlich eine separate Angelegenheit ist. Im 16. Jahrhundert und davor nannte man jedes Gelage, jede Schmauserei Kirmes. Ein Brauch, der sich auch über das gesamte Jahr verteilte und erst im 19. Jahrhundert wieder auf die Herbsttage, auf das Kirchweihfest im Zusammenhang mit dem Erntedank zurückgeführt wurde. So gab es einst zur Fastnacht die Narrenkirmes, die Kinderkirmes zur Taufe, die Karpfenkirmes (besonders in Böhmen verbreitet gewesen), wenn der Gastwirt zum großen Karpfenessen einlud, die Bierkirmes, die von Brauereien oder beim Reiheschank (das rundum Hausbrauen)

als Hauskirmes veranstaltet wurde. Zur Kirmes wird der Kirmeskuchen gebacken, der als Apfel-, Pflaumen-, Streusel- oder Kürbiskuchen meist massenhaft auf die Tische kommt, um die zahlreichen Gäste zu bewirten, - denn zur Kirmes kommt man einfach so vorbei, dazu wird nicht eingeladen. In manchen Gegenden gilt der Käsekuchen als der wahre Kirmeskuchen, der von den aufspielenden Wandermusikanten (darunter oft die »Fatzer« aus Böhmen) »erheischt« wird (jener vornehmen Form fürs Betteln). Bis in das 17. Jahrhundert hinein galt der Kuchenverzehr bei Männern als weibisch, weichlich, unmännlich, läppisch. Nur der Quarkkuchen galt als Kraftspender und daher als der Männer-Kuchen.

»*Itze kimmt de Kirmes ra, gieht is gute Assn a. Wenn de Kirmes is verbei, aß mer wieder Ardäpplbrei.*«
Zur Kirmes kamen auch die Kuchensinger ins Dorf, oder es wurden kleine Chöre von Kindern oder Erwachsenen aus dem Ort gebildet, die meist für ihre Gesänge vor den Haustüren Ardepplkuchn bekamen, wenn sie z.B. folgendes Lied gesungen hatten:
»*De Kuchn sei gebacken, mer härn ne Ufen knacken, gabbt uns e Stückel weißen, dan wolln mer schu erbeißen.*«

ERNTEDANK

Ab Mitte des 18. Jahrhunderts überwiegen zum Erntedankfest im Erzgebirge die Kartoffelgerichte. Im böhmischen Erzgebirge bezeichnete man die Speisen, die der Bauer seinen Erntehelfern gab als »Hengermohl« (übertragen meist als »Hungermahl« aber auch »Henkersmahlzeit«), die dort hauptsächlich aus Kuchen und Bier bestand. Am Abend des letzten Erntetags gab es im Haus des Bauern, meist auf der Tenne, einen Ernteschmaus, der u.a. aus einer Korn-Mähre (obergäriges Dünnbier), Würsten, Kartoffeln in gebackener Form (vermutlich eine Art Raacher Maad) und Speck bestand. Aber auch im Wirtshaus wurde die Ernte begossen. Moritz Spieß, der erzgebirgische Heimatforscher und Schuldirektor, berichtet 1862 davon: »Haben alle Güter einer Gemeinde geerntet, so folgt am nächsten Sonntag das Erntefest. Kirche und Haus werden mit Kränzen und Ähren und Blumen geschmückt. Im Haus fehlt es nicht an leiblichen Genüssen, und am Abend wird die Schenke besucht, um bei Tanz und Spiel sich zu erfreuen.«

STUPPELHAH – STOPPELHAHN

Wenn die letzte Zeile des Kartoffelfeldes (die letzten Stoppeln, Strünke) mit der Hand gerodet wurde, meist auch noch mal als Nachlese, dann war »Stuppelhah« und damit die Kartoffelernte beendet. Die »Ardäpplraustuer«, wie die Erntehelfer genannt wurden, bekamen vor Sonnenuntergang (meist am Nachmittag) Kaffee, Kuchen oder Hefeklöße mit Pflaumenschnaps oder »Verquetschtn«, eine Art Obstler, der meist aus Fallobst hergestellt wurde. Beliebt waren auch Kartoffelklöße, die im Milchsud, einer süßen, heißen Milchsoße, serviert wurden. Der Lohn für die »Ardäpplraustuer« bestand aus Kartoffeln, von denen einige zu Hause in den Kartoffelfeuern geröstet und mit Speck gegessen wurden. Der Duft der Kartoffelfeuer deutete darauf hin, dass der Winter bald vor der Tür stand. Karl Hans Pollmer aus Herold dichtete 1948: »Kumme dann de Leit vun Fald dingsdraußen haam, dann aß mer'n Stuppelhah inu, is dos e Laabn! Dr Stuppelhah schmeckt gut. 's gibbt grüne Kließ derzu un Kuchn un Sammelbrut - ja, ja, dos macht enn fruh!«

SAUSCHLACHTEN – SCHLACHTFEST

Das Hausschlachten sollte nach altem Brauch nicht vor dem 16. Oktober (Tag des Hl. Gallus) stattfinden, weil sich erst danach das eingepökelte Fleisch über den Winter halten kann. Deshalb findet das Schweineschlachten und das damit verbundene Schlachtfest auch im Erzgebirge meist Ende Oktober/Ende November statt (darf allerdings nicht mehr am 1. Advent geschehen, wenn der in den November fällt). Im Mittelpunkt stand das frische Wellfleisch, von dem jeder so viel essen konnte wie er wollte (mit Meerrettich und Sauerkraut). Besondere Delikatessen, die entweder dem Schlachter selbst oder dem Hausvater zustanden, waren gekochter Ohrknorpel, Schweineschnauze und die Schweinebacken, als das Beste an der Sau, wie man meinte. Dazu gab es reichlich Hochprozentigen (meist Kümmel- oder Pflaumenschnaps, aber auch Kalmus oder »Verquetschten«, eine Art Obstler aus Fallobst), da man der irrigen Auffassung war, dass Alkohol bei der Verdauung des fetten Fleisches förderlich sei. Das Fleisch wurde durch den Fleischwolf gedreht, gewürzt, in Därme gefüllt, zu Würsten abgebunden und gekocht oder/und geräuchert. Die Wurstsuppe oder Kesselbrühe wurde mit Schweinsknöcheln, Sauerkraut und Klößen den Helfern und der Nachbarschaft angeboten.

MARTINSGANS

Der Brauch, am 11. November (später dann auch in dessen Umfeld) eine gebratene Gans zu verspeisen, hängt zwar einerseits mit der Sage vom »Verrat des Hl. Martin durch schnatternde Gänse bei dessen Versteck im Stall« zusammen, er geht aber auf einen viel älteren Germanen-Ritus als Tag des Wintereintrittes zurück. Ins Erzgebirge kam der Brauch mit der Küche aus der österreichisch-ungarischen Monarchie, schließlich ist der Hl. Martin im ungarischen Panonhalma geboren, bevor er Bischof von Tours wurde.

Meist wurde die Martinsgans (die noch ungestopfte, junge Gans) im Erzgebirge schon am 10. November geschlachtet und zum Braten vorbereitet, da dies der Geburtstag von Martin Luther war. Am Brustbein der gebratenen Gans konnte man nach den Vorstellungen der Altvorderen feststellen, wie der Winter wurde: War das Brustbein von heller, weißer Farbe, konnte man mit einem strengen Winter rechnen. War es rosarot, wurde es ein milder Winter. Zur knusprig gebratenen Martinsgans (meist ungefüllt, aber mit Beifuß, Liebstöckel und/oder Majoran, sowie Salz, Pfeffer, Zwiebel innen gewürzt) gab es Kartoffelklöße von den neuen, aber bereits etwas abgelagerten Kartoffeln mit Sauerkraut, später wurde dies vom Rotkraut abgelöst. Im Westerzgebirge und im Vogtland wurden aus Hefeteig Martinshörnle oder Martinskringeln gebacken, möglicherweise als Erinnerung an die gehörnten Tiere, die in heidnischer Zeit geopfert wurden. Am Abend vor St. Martin zogen die Kinder mit ausgehöhlten, beleuchteten Kürbissen oder Laternen durch den Ort und sangen vor den Häusern Martinslieder. Auch dabei handelt es sich um Heischegänge, wie sie z.B. zur Faschingszeit im Erzgebirge Brauch waren.

Ein anderer Brauch ist aus dem böhmischen Erzgebirge bekannt, der vor ca. 150 Jahren auch auf sächsischer Seite gepflegt wurde und laut Jenisius bis in das 16. Jahrhundert zurück reichen dürfte: Am 29. September (St. Michaelis) wurde den Handwerkern, die nun bei Kerzen-Licht arbeiten mussten, die Lichter-Gans (auch Lichter-Schmaus) vom Meister serviert.

Assen – früher un heit

Bei uns im Arzgebirg gobs früher ah viel orme Leit.
Le hotten net viel, is wor mitunner harte Zeit.
Se hom sich geplocht, hom geklippelt bis monchmol nei in dor Nacht.
Aber e Reichtum hot dos fei net gebracht.
Dos wass ich noch, un ko die Zeit net vergassen.
Gekocht wor do meist ganz afaches Assen.
Gebocken homse Plinsen un Getzen aus Mahl, Eier un Millich.
Doch is hot gut geschmeckt un wor dorwang billig.
Fost jeden Ohmd stond e Tupp Arteppln of´n Tisch.
Dorzu gobs e wing Butter, Quark oder ah e geracherter Fisch.
Bei monchen Leiten wars ah se e Brauch,
die hom Arteppln in Leiöl getaucht.
Sei e poor Arteppln übrich gebliem,
die worn dann om anner Tag gequetscht oder geriem.
Dodraus homse gebocken de Raachermood
un do worn mor darvu ah wieder soot.
Se hotten net immer Flasch oder Worscht,
is gob kaane Cola oder Limo, im Ufen stand e Tupp Molzkoffee fürn Dorscht.
Naus im Wald sei se gange hom Holz rausgemacht
un hom ah viel Schwomme un Schworzbeer mit hamm gebrocht.
Dorvu wor wieder Assen gemocht,
se hom de Schwamme gebroten oder ah ne Supp gekocht.
De Schworzbeer die hots zen Getzen dor zu gam.
Su wor dos nu früher bei uns im Gebirg dos Laam.
Doch zefrieden worn se schie de Leit,
wos monchmol net mehr su is in dor heitigen Zeit.
Aber wos de Leit früher hom gekocht,
dos ward a viel in dor heitigen Zeit noch su gemaocht.
Doch dos ahne sei noch gesoht:
was Gutes is un blebt des Raachermood!
Dos kennt dor klaam, ihr lieben Leit,
is war früher schie su un su is es ah noch heit.

Christa Dohms, Erzgebirgszweigverein Satzung
(Vorwort zum handgeschriebenen Kochbuch, April 2006, mit Andrea Lohs, Ilse Wolf und Elfriede Martin)

Anton Günther (1876-1937)

Geschichten vom Essen und Trinken im Erzgebirge

Ob im Gedicht, im Lied, in der Schnurre
oder der Erzählung – »e guts Assn« wird im
Erzgebirge immer auch gern besungen.

AARDÄPPELN

Eine Geschichte in erzgebirgischer Mundart von Ernst Philipp Weigel, Künstlername Emmler, Ernst (1878 Raschau – 1948 Leipzig), war promovierter Volkswirt (Dissertation »Das sächsische Sibirien«, 1909), Heimatforscher und Mundartdichter.

Aaner von de Sommerfrischler war lang früh beizeiten mit senn Leiten lusmarschiert. Se wollten emol ne ganzen Tog wannern. Do warn se nu ben Hänelgulus Bauer verbei kumme un hatten zugeguckt, wie dar sei Saas schwinge tat un sich su richtig neigelegt hot in der Arbit. Un wie se nu an Obnd wieder retur kame, do war der Gulus egal noch derbei. »Alle Achtung!« sat der Sommerfrischler zu ne. »Das sind jetzt an die zwölf Stunden, die Sie hier arbeiten. Tun sie das alle Tage?« - »Inu, wie de annersch? In Summer haben mir Bauern fei ze tu, doß mer ze Rand kumme könne.« - »So, so! Aber da wundert es mich nur, daß Sie bei solcher Anstrengung so schön dick und rund sind.

Natürlich werden Sie auch gehörig Appetit entwickeln und wohl viel und gut essen?« - »Werd schie sei! Ich brauch de Aardäppeln zantnerweis in der Woch. Die sei de Hauptsach und fei aah wos Guts!« - »Mag schon sein. Aber ich hab nicht gedacht, daß Kartoffeln so nahrhaft sind und eine so stattliche Körperfülle ergeben.« - »Dos kimmt aabn drauf a, wie mer sche arichten tut.« - »Aha! Da heben Sie wohl besonders gute Rezepte? Wollen Sie mir die nicht verraten?« - »Worüm de net? Dos könne Se schu derfahrn. De Aardeppeln, die waarn zeerscht gekocht, nort waarn se gestampft. Un nort kimmt Millich un Klei na un aah e paar Krautstrünk derzu, oder wos mer nu sinst gerod Grünes hot.« - »Was? Und das wäre sozusagen Ihr Leibgericht?« - »Meins? Inu naa! Dodermiet füttern mer alle Tog dreimol de Säu. Un wenn die gruß sei un fett, nort waarn se geschlacht. Un iech, - ich aß dan ihre Schinken, 's Flaasch un de Worscht.«

DR LETZTE PFANNKUCHN

Eine 1929 entstandene Geschichte in erzgebirgischer Mundart von Albert Schädlich (1883 Elsterberg – 1933 Lauter), Sohn eines Handelsmannes aus dem Vogtland, kam mit 19 Jahren nach Lauter im Erzgebirge, war Betriebsleiter im Emaillierwerk, schrieb Lieder, Gedichte und Erzählungen in Mundart

Do kam emol e Raasender e bissel spöt nooch Mittig in ne Gutshuf un wollt gern noch warmes Assen. Er hatt oder kaa Gelück. De Wirtsleit warn gerod emol fortgefahrn, un de Grußmutter, wos de Arnestine is, war nimmeh su o'n Zeig bei ihrn Alter. Se wollt dan Harrn Raasenden oder gern enn Kaffee machen, wenn er ebber derzu Appetit hätt.

»Gut, bringen Sie mir eine Tasse Kaffee! Vielleicht aber Sie etwas Gebäck dazu?« sat daar Ma. »Gebäck? Naa, do hobn mer nischt in Haus. Oder wenn se emol zun Hanel-Bäck nübergieh wolln, daar hot heit frische Pannekuchn, 's is gleich über de Stroß drübn.« Dan Ma blieb nu nischt annersch übrig, er ging naus vür dr Haustür und sohch do gerod enn klenn Gung. »Ach, Kleiner, willst du für mich einmal zu dem Bäcker hinübergehen? Holst drei Pfannkuchen, einer davon gehört dir, da hast du fünfzehn Pfennig!« Daar Gung sauset nüber. Net lang dernooch kam er wieder un wörget enn Pfannkuchn nei in senn Maul un sat: »Do, hobn Se Ihrn Neigrosch weider, se hatten bluß noch enn!«

WURST GEGEN WURST (WORSCHT WIDER WORSCHT)

Eine in das Hochdeutsche übertragene Mundartgeschichte von Heinrich Köselitz (Peter Gast). Er wurde am 10. Januar 1854 in Annaberg geboren. Nach Jahrzehnte langen Arbeitsaufenthalten u.a. in Leipzig, Venedig, Nizza, Sils Maria, Basel, Zürich, Dresden, München, Wien, Berlin, Weimar kehrt er 1889 wieder nach Annaberg zurück wo er am 15. August 1918 stirbt. Köselitz ist besser bekannt als Peter Gast, ein Pseudonym (andere waren »Peter Schlemihl« und »Petrus Eremita«), das er von seinem langjährigen Freund Friedrich Nietzsche erhielt, »weil Köselitz eigentlich Ziegenhirte bedeutet«. Er komponierte mehrere Werke, darunter die Oper »Der Löwe von Venedig«. Bis zu Nietzsches Tod redigierte er nahezu alle philosophischen Werke des weltbekannten Wissenschaftlers aus dem sächsischen Röcken, schrieb teilweise die Vorworte und kümmerte sich auch um dessen Nachlass. Darüber hinaus erwarb er sich bleibende Verdienste bei der Pflege der Reinheit der erzgebirgischen Mundart sowie für seine Bemühungen, sie salonfähig zu machen. In den letzten Jahren seines Lebens schrieb er in Annaberg zahlreiche Gedichte, Schnurren und Humoresken in erzgebirgischer Mundart. Die folgenden sind seinen Geschichten »Verwerrtes Volk« entnommen und von mir ins Hochdeutsche übertragen worden.

Den Fleischer Krumbholz in der Schmalzgasse habt ihr bestimmt noch gekannt. Der hängte mal, wie man es früher so machte, gleich eine ganzen ausgeschlachteten Ochsen draußen an die Tür. Und weil nun nicht die ganze Zeit jemand dabei stehen konnte, der aufpasste, geschah ihm doch das Malheur, dass der große Hund vom Advokat Wolcher dem Ochsen eine ganzen Happen Fleisch aus dem Genick raus fraß. Der Krumbholz musste schon so was ahnen, denn er dachte, willst nur mal raus schauen. Und da sah er die Bescherung! Und sah auch, wie der große Hund gerade unten um die Straßenecke schwenkte. »Na warte

nur, diesmal setzt es was!« Und dabei kollerten seine Augen, dass man es ordentlich hörte. Am selben Tag um diese Zeit, als man die Laternen anbrannte, geht der Advokat Wolcher dort vorbei. Der Krumbholz sah ihn schon von Weiten kommen. »Gehorsamster Diener, Herr Advokat« sagte er ganz freundlich »ich möchte Sie mal was fragen: Wenn einem ein Hund von einem fetten Ochs ein Stück Fleisch runter frisst, wer muss denn danach dafür einstehen?«

»Nun allemal der Herr von dem Hund, das weiß man doch.«

»Mir hat nämlich so eine Bestie heute Vormittag ungefähr drei Pfund davon runter geschnappt.«

»Da schreiben Sie ganz einfach die Rechnung und schicken sie dem Betroffenen zu.«

»Na, dann ist es ja gut, dann werde ich das so machen. Guten Abend, Herr Advokat!«

Wie der Laden zugemacht wurde, setzte sich der Krumbholz hin und schrieb an den Wolcher eine Rechnung über die drei Pfund Rindfleisch, die sein Hund von dem Ochsen runter gemaust hatte. Damals kostete das Pfund Rindfleisch noch sechs Groschen: das machte demnach im Ganzen achtzehn Groschen. Am nächsten Morgen schickt er die Rechnung mit seinem Lehrjungen hinüber.

Als der Advokat den Zettel gelesen hatte, geht er ans Schreibpult und setzt noch darunter: »Einen juristischen Rat erteilt, macht einen Taler, bekomme ich also noch zwölf Groschen raus.« So was hatte der Krumbholz nicht vermutet. Aber er musste es bezahlen, da half alles nichts. Da suchte er aus einem Kästchen lauter Geld, das niemand mehr annehmen wollte und ließ dem Advokaten ausrichten: »Wenn es ihm lieber wäre, könnte er sich für die zwölf Groschen auch zwei Pfund Fleisch wegholen. Der Bequemlichkeit wegen hätte er den Ochsen schon draußen aufgehängt«. Womit er meinte: Wolscher, Du bist auch ein Hund…!

DAS RECHEN-EXEMPEL (S´ RACHN-EXEMPL)

Gestern Abend erzählte der Schulmeister, er hätte in der Rechenstunde den Jungen vom Nachtwächter Bittner gefragt, wie viel raus kommt, wenn man zwei von zehn abzieht. Der Junge wusste keine Antwort, er sagte nichts. Nun wollte es ihm der Schulmeister etwas deutlicher machen und sagte: »Wenn Dich Deine Mutter mit zehn Pfennigen zum Bäcker schickt, du sollst für acht Pfennige Semmeln holen – wie viel bekommst du denn dann da raus?« »Nichts!« - sagt er - »wir borgen!«

Und dieser Text noch einmal in erzgebirgischer Mundart:

´S RACHN-EXEMPL

Gestern ohmst drzehlet dr Schulmeester, ´r hätt´ in dr :Rachnstund´ ne Nachtwachter Bittner senn Gung gefregt, wieviel rauskimmt, wemmer zwëä vu zaahne o´zieht. Daar Gung wusst´ käne Antwort; ´r muckset net. Nu wollt´s ne dr Schulmeester ä bissl deitlicher machen un saht´: »Wenn Diech die Muter mit zaah´ Pfeng´ zon Beckn schickt, de sölst fr acht Pfeng Sammln hul´n – wieviel kreigste de dä´ do raus?« »Nischt!« - saht´ ´r – mr borng!«

Heinrich Köselitz (alias Peter Gast) mit Frau Franziska Elise und Tochter Carina 1907 auf dem Pöhlberg.

Bauerngut, Erzgebirge um 1920

Ein grosses Bündel Heu* (Ä gruß´ Bündl Hei)

Früher bekamen die Budenleute immer zu essen, wenn sie gegen Mittag zu den Kaufleuten herum kamen. Hatten sie dann mit der Zeit mitbekommen, wo es die besten Bissen gab, richteten sie sich so darauf ein, dass sie dort jedesmal so gegen zwei Uhr hin kamen. Der Kaufmann Emmerich in der Wolkensteiner Gasse war einer, der ihnen Suppe, Brot und Gemüse gab und auch noch ein Kümmelfleisch hinsetzte. Bei ihm hatte auch jede Woche der von der Eibenstocker Bude zu tun – Traugott hieß der. Einmal kam der viel später als gewöhnlich zu ihm, weil er anderswo hatte länger warten müssen. »Ach, Gott!« sagte da der Emmerich, »das tut mir aber leid, wir haben alles aufgegessen... Oder warte mal etwas, wir werden gleich Rat wissen! - Du, Emma »sagte er rasch zum Dienstmädchen«, geh doch mal rüber zum Kaiser und hole Emmenthaler Käse wie gewöhnlich. Haste gehört? Emmenthaler Käse!«

Emma geht rüber zum Tütenkrämer und sagt: »Ich möchte Emmenthaler Käse.« - »Wieviel hast Du gesagt, mein Schätzchen?« fragt der Kaiser. Die dumme Gans ruft darauf hin ganz patzig: »Emm-en-thaler-Käääse!, ich meine Emmenthaler Schweizer Käse! - Machen Sie nur schnell, sonst bekomme ich zu Hause Ausgeschimpftes!« Das fuhr den alten Gaalob in die Nase und in alle Glieder; er murmelte herum wie ein Fliege an der Fensterscheibe, holte das große Messer, einen Laib Käse, überlegte sich es noch einmal: »Emm..en..thaler Käse?! Soll das richtig sein? Aber fragen werde ich das zickige Mädchen nicht noch einmal. Es wird schon so sein!« - und schnitt einen Thaler (das waren damals vier Pfund Käse) herunter, legte das Stück auf die Waage, und

weil es ewig nicht stimmen wollte, musste er noch ein paar kleine Stücke mit drauf legen. Danach packte er ihn in gelbes Strohpapier ein, gab das Päckchen der Emma und schrieb den Thaler Käse in ihr Büchlein, denn beim Emmerich ging alles auf Rechnung.

Wenn beim Emmerich die Haustüre auf- oder zugeht, dann klingelt es jedes mal: wie also die Emma wieder nach Hause kam, hörte das der Emmerich. Er war in den ersten Stock hinaufgegangen und hatte die »Eibenstocker Bude«, als er ihn abgefertigt hatte, inzwischen unten in die Stube rein gehen sehen. »Emma!« rief Emmerich runter »leg nur den Käse auf einen Teller und stell ihn dem Buden-Traugott hin! Vergiss auch das Brot, die Butter und das Kümmelfleisch nicht. Sag ihm nur, ich komme gleich runter, und er soll inzwischen essen.«

Nach einer Weile kommt der Emmerich ins Zimmer, wo der Traugott sitzt. Er sieht ganz verwundert den gewaltigen Würfel Käse, den der da vor sich hat. Aber nachzufragen, warum das Mädchen so viel Käse geholt hat, vergaß er gänzlich. Und er dachte, wenn der Traugott genug hat, wird er bestimmt aufhören zu essen. So ging er also in der Stube hin und her und redete manchmal auf den Traugott ein. Der ging aber auf nichts ein und sagte immer nur »Ja!« oder »So ist es!« oder »Ist denn das die Möglichkeit!« Für ihn gab es nichts anderes, wenn er erst mal beim Essen saß – da schwiegen alle Flöten. So schnitt er sich eine Scheibe nach der anderen ab, aß tüchtig Brot dazu und war auch beim Kümmel-Einschenken nicht faul. Na, wenn das so weiter gehen soll, da muss es meinem Emmerich Angst und Bange werden (es lag ihm nämlich viel am Schweizer Käse)!

Darum dachte er, willste nur ein bisschen mit der Zaunslatte winken. »Du, Traugott«, sagte er »der Käse ist teuer!« - »Weiß schon« meinte der »er schmeckt aber auch danach!« und dabei schnitt er sich wieder eine Scheibe Brot (Bemm) ab, schmierte die Butter fingerdick darauf und fraß weiter wie ein Scheunendrescher. Mein Emmerich verlor immer mehr seine Ruhe. Nach einer Weile sagte er: »Du, Traugott, von dem Käse darf man nicht zu viel essen, sonst wird man krank.« - »Mir macht er nichts!« sagte der Traugott, »später lauf ich ihn mir schon wieder raus!« - und dazu wieder einen Kanten Brot, ein großes Stück Käse, abgesägt, und weitergemampft und -gekaut, dass die Schwarte kracht. Nun trat dem Emmerich der Angstschweiß auf die Stirn. »Traugott, Traugott! - ich mach mir große Sorgen um dich! Wenn man zu viel Käse ist, dann geht der ganze Magen in Würmer über und die fressen nach und nach den ganzen Menschen auf!« - »Ach, glauben sie bloß nicht solches Zeug! Das haben sie sich doch nur die ausgedacht, die den Käse gern selber essen.«

Oh, Himmel an der Wand! Was soll nun mein Emmerich tun?! Wegnehmen wollte und konnte er den Käse nicht. Und der Heuochse dort – das sah man schon – hat es darauf abgesehen, das alles alle wird: Käse, Brot, Butter und Kümmel. Drei Pfund Emmenthaler muss er schon runter haben. - Da schwoll endlich meinem Emmerich der Kamm und er sagte fuchsteufelswild: »Traugott!! Jetzt hör aber mal auf mit der Fresserei! Du ruinierst dich nur und fällst mir zum Schluss gar noch tot von der Stange! Ich mag keine Leiche im Haus!« - »Herr Emmerich! Was sind das für Reden?! Da vergeht einem ja der ganze Appetit! Wenn sie aber meinen, der

Käse könnte mir schaden, nun da will ich aufhören und das Stück meiner Frau mitnehmen!« Daraufhin zog er aus der Seitentasche einen zusammengeknüllten Bogen Packpapier, machte es auf dem Tisch glatt und packte das letzte Pfund Käse ein: »Adjeu, Herr Emmerich! Und schönen Dank für das Essen! Das es nun heute nichts Warmes mehr gab, darüber müssen sie sich keine Sorgen machen. Wie sie sehen, nehme ich auch mal mit einem *Bündel Heu* * vorlieb. Leben sie recht wohl!«

Nun, die letzten Worte sagte er schon fast draußen auf der Gasse, denn der Emmerich, der ordentlich vor Wut kochte, schob ihn mehr raus als dass er ihn raus führte. Danach schmiss er die Türe zu und wetterte drinnen weiter, dass es durchs ganze Haus schallte. Vierzehn Tage später zog die Emma fort. Und acht Tage danach, als der Traugott zu Mittag wieder kommen wollte, fand er ein ganz neues Schild angeschlagen wo drauf stand: »Von halb Zwölf bis um Zwei geschlossen.«

---

* Ein »Bündel Heu« bedeutet in der erzgebirgischen Fuhrmannsprache ein Butterbrot mit Käse. Köselitz schreibt dazu *»Es zeugt von humaner Herablassung und Selbstironie in der Thierliebe der erzgebirgischen Fuhrleute, daß sie dies Essen, das sie im Wirtshaus gewöhnlich einnehmen, während ihre Pferde draußen fressen, mit dem selben Namen belegen, den das Rast-Futter ihrer Thiere hat.«*

Keilberg (l) und Fichtelberg (r), um 1920

Ä nei´s Verdauingsmittl

*Friedrich Röder (1827 Schneeberg – 1900 Johann-
georgenstadt), der Sohn eines Drechslermeisters aus
Schneeberg war zunächst Hilfslehrer in Bockau und
ab 1846 in Johanngeorgenstadt. Dort war er später
Kantor und von 1880 bis 1887 Schuldirektor an der
Bürgerschule. Er gründete den Erzgebirgszweigverein
in Johanngeorgenstadt und heiratete Caroline Troll
(1828–1899). Röder hat zahlreiche Gedichte, Erzählungen und Schnurren in alter west-erzgebirgischer
Mundart verfasst. Die folgende Geschichte vom »Neu-
en Verdauungsmittel« (Eine heitere Zwiebel-Verwechs-
lung) stammt aus dem Jahre 1895.*

Dort drumm an dr Grenz´ ´rim, in da Baarg drinna,
leit a net gar asu gruß´ Dorf. Rund immadim is Wald.
In Summer is racht schie dort. Wenn ´s da vurnaah-
me Leit´ in da grußn Steedt´ wösstn, kännt´ fr lauter
Summerfröschla kaa´ Öppl zr Aard´ un wär´ aah gewieß kaa´ Troppn Millich meh´ ze krieng… Se mach-
n´s oder racht, wenn sa setta Gebögsnaster aussuhng
un egal ´rimlaafn – un ´s besser, als wenn sa off da
grußn Baarg´ oder in da Böder ginna, da Markessn
verspiel un zaletzt sich drschießn.

In Winter hot´s ober Schnee, doss mr vun man-
ning Heisl neer de Feier-Öst noch sieht. Wie da
Mertutwörf´ müssn sich da Leit´ aus da Hittla ´naus
schuurn, do hoom sa ´s racht wattert un sa thunna da
Fahrstroß´ ausschuurn, do hoom sa ´s in alla Händ´
za namma, doss sa sich ohmst wieder ahamm geschu-
urt hoom.

Ober Alt un Gung hot da gräffta Fraad´ über´n
vieln Schnee. - Viel Schnee, viel Hei, viel Aardöppln!
- ´s sei ober rachte Leit´. Sa haltn noch off Trei´ un
Glaam, ginna fleißig zr Körng, sei gehorscham un
liem ´n Kienig un ´s Voterland. Iech gelaab´, wenn
za Daanena amol a fettiger aufraaziger Boss käm´ un
wollt´ sei Predig luslossn – daar kriegt meh´ Priegel
als Tog´ in Gahr sei.

De Leit´ sie nooch alter gebör´scher Art arm, machen kaane A´sprich´, sei ober zafriedn un gelicklich.

´s war in tudtn Haarwest´nei´, do soßn in dr
»Grien Amesch«, bun Pfaar-Daahnl in Wertshaus,
dr alta Harr Ei´nammer, dr alta Harr Färschter, dr
Gorlfaktur, dr Gemaana-Vurstand un dr Harr Lehrer.
Da vier erstn hoom »Lumpludl« - mr sogt aah ge-
doppltn Schofkopp – gespielt, un dr Harr Lehrer hot
Achting gaam un hansweiln amol ausgeholfn.

Wie daar Lumpludl runner war, wurd´ vun
Dann un Genn geredt, - virgebracht: wos da Blätter
geschriem hoom, wos da Biesewichter in da grußn
Steedt´ alles U´gerachte a´richtn, vun Mord un Tust-
schlog un dergleing meh´.

Drnoochert wur´ aah vun Gäns´- un Sei´mäst geredt, un aah wie s´ Wasser vun o´gekochtn Vuglhamf
da Trichina un Pfinna tudt macht – wos ober dr Harr
Ei´nammer allameitog net gelaam wollt´.

Dorüber war´n sa Alla aanig: doss dr Gorlfaktur da fettsta Sau hätt´. Dr Harr Färschter hot sa off
weengstns zwölf Staa´ geschatzt, dr Harr Ei´nammer
maanet ober: sa kännt´ schu off dreiza, vörza ´na´-
kumma.

Aah da Gäns´ vun Gorlfaktur hätt´n da Beich´ an
fernstn ´runnerhänga. Daar hot sich drüber gefraat,
doss´r ´n Hub hatt´ mit senn Viechzeig un Primes
drmit war – wudra´ neer sei Fraa mit dr gutn Fittering
schuld gewaasn is. Dos war alles racht schie´ un gut.
Oder gerod´ bun Gorlfaktur war seit a paar Wuchn
dr Moong net racht in Ordnung. Da Toppkliß´ wolltn
net racht krieng… s´ Sauerkraut machet Beschwaar´….
´s Bier hot ´n a mannichmol aufgetriem, doss ´r net
giepsn kunnt´,…un an da Quarkglitscher, die ´r allameitog asu gasn hot, dorft´ ´r gar net meh´ na´.
Mit´n grien Götzn un Hefnkließ´ war´sch gelei gar
nischt. Un dodrzu da grußa Sau un da fett´stn Gäns´!

Do wur´ Dos un Geens gerothn, wos gut fr na
wär´ un halfn künnt´. ´r hatt´ aah schu viel gedoktert
– oder geholfn hatt´s Nischt.

's Beste (maanet dr Harr Färschter) wär', wenn 'r amol vr'n Schlofngih' a Zwiebel oder zweea zammschnorpset. Dos hatt' dr Harr Ei'nahmmer aah schu probirt un 's hatt' geholfn. »Dos denket mr oder aah net,« maanet dr Gemaanavurstand, » 's kat oder schu sei«.

's gahrig ahamm. 'n Gorlfaktur gahnga off 'n ganzn Waag' de Zwiebeln in Kopp' rim. 'r wollt' 's heit ohmst versuhng. Ober, wu sei dä' Zwiebeln? Da Fraa hot geschlofn, die wollt' 'r net aufweckn. Wie 'r sch'ch su a wink orndlich in dr Stu' imgukt – sieht 'r paar Zweibeln off'n Fansterstock lieng. Sollt 'epper sei Fraa vun dr Zweibelkur ah schu wos wissn un aus Viersorg' a paar hiegelegt hoom? Mer tat 's net wissn.

'r macht sich drüber haar, schölt erscht gar net o', schnorpst sa zamm un giht za Bett.

'n annern Morng bun Kaffeetrinkn falln dr Fraa Gorlfaktur'n da Zwiebeln ei', die sa gestern bun Hannelsgärtner im fimfasibzig Pfeng' a geds Stick gekaaft hot. Sa sucht un sucht, findt nicht un frögt endlich ihrn Ma' nooch da Zwiebeln. Daar saht': »Die ho' iech gassn!«

»Awos!« schreit da Fraa, »dos hoom sölln schiene Weihnachtsbluma waar'n! Dos war'n fei Hyezinthnzwiebeln.« »I nu ei!« sogt drauf dr Gorlaktur, »iech ho' schu ball awos gemerkt, sa hoom net asu gebissn. Ober in Moong is Ordning wur'n!«

AUS DER HUNGERZEIT

Als zur Kriegszeit der große Hunger herrschte, kam
der Orr-Hannes, der in Niederösterreich im Hinter-
land in der Offiziersküche war und noch nichts vom
Hunger gespürt hatte, einmal auf Urlaub nach Hause.
Und wie es damals war mit der Esserei – eine Spott-
schande. Da kam der Kutsch-Jus, die lange dürre Lat-
te mit einer leeren Schubkarre gefahren. Also schon
die Länge und dürr und jetzt auch noch Hunger…

Beim Torfstechen hat er immer Leinkuchengetz-
zen mit gehabt. Da könnt ihr euch vorstellen, wie
prasseldünn der war. Er ist nur so herum geschwankt.

Vor dem Orr-Wirtshaus steht der Hannes. Sie
waren schon immer Kameraden. Da lässt der Jus vor
Schwäche den Schubkarren fallen und geht auf den
Hannes zu. »Wie geht's dir denn, junger Mann?«
sagte der Jus. Es ist ihm wahrscheinlich die Hose
etwas gerutscht, da hat er sie mit dem Gürtel festge-
zogen. Der Hannes meinet: »Um Gottes Willen hör
auf, sonst bricht dein oberer Teil noch weg!« Das war
damals ihr Gruß, und da haben sie in diesem Elend gelacht, dass ihnen die Tränen gekommen sind. (1924)

Anton Günther
(1876 Gottesgab – 1937 Gottesgab)

Der grosse Durst (Dr grusse Dorscht)

Stephan Dietrich, – genannt Saafenlob –
(*1898 in Eibenstock - 1969 in Hohenlimburg),
war Lehrer und Heimatdichter des Erzgebirges

Der Gevatter (Taufpate) aus Lauter erzählte ein so schöne Geschichte von einem Liebespaar, was eigentlich gar keines war. Der Geier-Os (Oscar Geier) hatte als junger Kerl das Meier-Clärle (Clara Meier) sehr verehrt. Sie sind zusammen zum Tanz gegangen und die Leute sagten: »Aus den zwei Leuten wird ein glückliches Paar.« Aber es kam anders. In die große Liebe kam der Mard (Marder), wie wir im Gebirge sagen. Auf einmal war es aus mit der Liebe, und kein Mensch wusste warum. Die zwei Leute sind aneinander vorbei gegangen, und keiner schaute den anderen an. Und so sind alle beide ledig geblieben und wurden alte, vergrämte Leute. Der Os hat seine Liebe im Schnaps ersoffen und vergessen. Aber das Clärle dachte noch oft an ihre erste und letzte Liebe. Mit dreiundsechzig Jahren ist der Os gestorben, und viele Leute sind in Lauter mit zu seinem Grab gegangen.

Nun, bei einem Begräbnis ist es überall das selbe. Die Frauen gehen mit zum Grab, um ihr bisschen Aputz (Mode, Schmuck) sehen zu lassen, und die Frauen und Männer reden nur über den Toten im Sarg, der sich nicht mehr verteidigen kann. So war es auch beim Os. Alle sagten: » Um den ist es nicht schade. Der hat sich auch bloß zu tote gesoffen.« Das Clärle, seine frühere Liebste, hat ihm auch die Ehre gegeben und ist mit ans Grab gegangen und hat sehr geweint und gejammert. Da sagten die Leute neben ihr: »Was heulst du denn so um den Dingerich (Kerl). Damals vor dreißig Jahren hat er dich auch sitzen lassen, und nun ist er auch nur gestorben, weil er so viel gesoffen hat.« Da sagte das Clärle ganz aufgeregt: »Ich verstehe euch gar nicht, ihr regt euch auf, was der gesoffen hat, aber was er für einen Durst hatte, danach hat keiner gefragt.«

Die fette Sau (De fette Sau)

Den Meier-Gulius (Julius) haben seine zwei Freunde aus der Kneipe nach Hause geschafft, weil er ein wenig zu viel geloden (getrunken) hatte und nicht allein gehen konnte. Hüben und drüben haben sie ihn unterm Arm geführt und vorsichtig zu Hause in die Haustüre rein geschoben. Da kam dem Julius seine Frau dazu und sagte: »Habt nur schönen Dank, ihr Männer, dass ihr ihn mir bringt.« Da sagte der eine von den zwei Freunden: »Nun, bedanken musst du dich da nicht, als Freund gehört sich das.« Da meine die Alte giftig: »Ich bedanke mich, wenn ich einen Teller Wurstsuppe bekomme. Da kann ich mich auch bedanken, wenn ihr mir so eine fette Sau nach Hause bringt.«

Die Weihnachtsgans (De Weihnachtsgans)

Spitzbuben laufen überall auf der Welt genug herum. Wir erkennen sie nur nicht gleich alle. Da sind auch mal zwei solche Halunken kurz vor Weihnachten in unser Dorf gekommen. Als sie beim Häuschen vom Franz vorbei gingen, sahen sie gerade, wie der Franz auf dem Hof eine Gans, ein schönes fettiges Tier, geschlachtet hat. Sie haben sich nun ein wenig in der Nähe herum gedrückt und beobachtet, wie der Franz die schöne Weihnachtsgans nach einer Weile oben am Hausgiebel an einen Haken hängt. Nun sind doch die Häuschen bei uns oben nicht so sehr hoch, und es ist doch für die Spitzbuben gar nicht so schwer, dahin zu kommen, wo sie hin wollen. Die beiden haben sich nun zugezwinkert. Sie sind ein wenig spazieren gegangen, und wie es draußen finster wurde und ein wenig zu schneien anfing, da haben sie sich zum Franzelhäuschen geschlichen, haben ganz frech vom Hof die Leiter an den Giebel gelehnt, und der eine ist hinauf geklettert und wollte nun die Gans runter holen. Da kam ganz durch Zufall unser Schutzmann um die Ecke herum, sieht den da oben und schreit: »Nun, was machen denn sie da oben, he?« Da meinte der andere, der unten Schmiere stand: »Herr Schutzmann, das ist eine Überraschung, schreien sie nur nicht so, sonst verderben sie uns noch den Spaß. Der Franz ist doch ein Freund von uns noch aus dem Krieg, und der hat doch morgen seinen Geburtstag. Der soll sich freuen, wenn er morgen früh das Schlafstubenfenster aufmacht, hängt als Geschenk eine Weihnachtsgans daran.« »Nun hört mal zu«, sagte der Schutzmann, »so was könnt ihr doch auch am Tag machen un d nicht in der halben Nacht, wo es verdächtig aussieht.« »Nun, da haben sie auch recht, Herr Schutzmann«, sagte der eine und rief zu seinem Freud hinauf: »Emil komm wieder runter. Bring die Gans wieder mit. Wir hängen sie morgen früh rauf.«

Typisches erzgebirgisches Kammdorf um 1910

Dreierlei Tee (Dreierlaa Tee)

Guido Walter Findeisen, (1903 Wünschendorf - 1986 Lengefeld) lernte Buchdrucker in Lengefeld. Autodidaktisch eignete er sich Kenntnisse auf dem Gebiet der Heimatliteratur an und verfasste mehrere eigene Erzählungen und Theaterstücke, die zunächst im Pöhlbergverlag und im Verlag Graser in Annaberg erschienen sind. Überregional bekannt wurde er durch die Herausgabe des Erzgebirgischen Heimat-Kalenders in den Jahren 1934 bis 1942. Nach dem Zweiten Weltkrieg gab er mehrere humorvolle Mundart-Publikationen, darunter auch Theaterstück im Selbstverlag heraus.

Der Neibauer-Arnst (Ernst Neubauer) war sein Leben lang auch so ein Urian (Urvieh/Spaßvogel), der andauernd nur Unsinn mit den Weibern im Kopf hatte. Wenn der einem Weib ein Ding drehen konnte, dann tat er das auch. So war es schlimm genug in seinen jungen Jahren, und so war es auch geblieben, als er schon graugköpfig herum lief. Vom Arnst kann so manches Mädchen ein Liedchen singen, von dem sie heute noch nicht weiß, ob es in A-Dur oder cis-moll begann.

In Raunstää (Rauenstein) unter der Brücke war doch früher das kleine Lädchen von der Baldauf-Christ (Christine Baldauf). Da gab es allerhand Zeug zu kaufen: Haaring (Heringe), Bittling (Bücklinge), Leinöl, Tietelzeig (Mehl, Zucker u.ä. in der Tüte) und auch viele Sorten Tee, den die Christ zumeist das ganze Jahr über selbst gesammelt hat. In das Lädchen kam nun auch mal der Neibauer-Arnst zur alten Christ. Seine alte Liebe zur Christ aus der Jugendzeit war trotz der grauen Haare immer noch nicht ganz erloschen, denn es machte dem Arnst allezeit noch ein Heidenvergnügen, mit der Christ ein wenig herum zu schäckern, so, als wären sie sonst wie jung, als wollten sie alle Tage noch auf dem Rauensteiner Tanzsaal ihren Dreher herum wälzen. Man möchte doch meinen:

Alte Liebe rostet nicht... - oder auch: Alter schützt vor Torheit nicht...! Wie man es eben so nimmt.

Da kam also der Arnst auch wieder mal zur Christ in das Lädchen und sagte: »Christel, ich hab solche Kopfschmerzen, mir zertreibt es bald den Nischl (Kopf/Schädel), - gib mir nur mal ein Tütchen Pfefferminztee.« Die Christel sagte: »Ja, mein guter Arnst, da kann ich dir aber nur Pfefferminze geben, den Tee musste dir schon selber davon machen.« Er bekam ein Tütchen für einen Neugroschen und ging damit den Berg hinauf. Etwa vierzehn Tage darauf kommt der Arnst wieder zur Christ rein und sagt: »Christel, mich friert es andauernd wie einen jungen Hund, - nicht mal ein Korn hilft mir mehr, - gib mir nur mal gleich zum Schwitzen ein Tütchen Lindenblütentee...«. Die Christel sagte da wieder: »Lindenblüten kannst du schon von mir bekommen, den Tee musste aber selber davon machen...«.

Ein wenig nachdenklich gng diesmal der Arnst den Berg hinauf, als wenn er sich was überlegen würde. Und waßterhole (was soll ich sagen), schon nach paar Tagen kam er wieder zur Christ: »Christel, gib mir nur mal ein Tütchen Brust-Tee...«. Die Christel wollte sogleich wieder mit ihrem gewohnten Latein anfangen, von wegen Brust und den Tee selber machen, - aber da drehte sie sich geschwind herum und füllte das Tütchen Brust-Tee ein, ohne etwas dazu zu sagen. Diesmal funktionierte das Verslein nicht...!

Der Arnst aber, das huhnackete Luder (Mensch, der andere gerne foppt, aufzieht), hatte allerhand zu tun, damit er schnell zur Ladentüre raus kam. Den Berg hinauf schaffte er es kaum vor Lachen ...

Ä NÄCK´SCH ASSN

Otto Wanckel (1820 Stollberg/Erzgebirge – 1912 in Dresden), war Schüler Gottfried Sempers, studierte an der Dresdner Kunstakademie, arbeitete beim Landbauamt Oschatz, war an den Renovierungsarbeiten am Meißener Schloß beteiligt, vollendete den Neubaus der Kgl. Porzellanmanufaktur in Meißen, war dann Landbaumeister und Vorstand des Bauamtes in Zwickau, Baurat im sächsischen Finanzministerium in Dresden, war Bauleiter dieses Ministeriums, der Geheimer Oberbaurat Wankel Übernahme der Leitung des Museums des Kgl. Sächsischen Altertumsvereins, schrieb mehrere kleine Erzählungen auch in erzgebirgischer Mundart.

De al´n Reichelt-Leit in Blaa´thol, die hattn Freindschaft druntn in Franknhausn . Saltmols gob´s noch käne Pustn off´n Dörfern – drim wur´ allemol ä But´ geschickt, wenn se wos ze bestelln hattn. Wie nu ämol dr Kleedietsch mit etlinge Schnappn (Schnepfen) noch Franknhausn geschickt wur´ un wieder ähämm kam, fröget ´n de Fraa: wie ´s gewaast wär ... wos se gesah hättn... un epp´r aah gut ausgehal´n wur´n wär´. Do maanet daar: »Eia, za assn ho´ iech dort kreigt!... se hattn nu su alle Neeng (Neigen/ Reste), die ganze Wuch´ über überlee gebliem war´n, zammegemanscht: Schutn, Kuhlrabi, Kraabsnosn, Mährn, Schamme, Sammelkliß´, Hihnerfleesch – un was wäss iech alls!... ober gut schmeckn that´s!«

O´GEFERTIGT

Ne Richter-Fried in Ehrnfriederschdorf sei Kleener kam ämol ze sen Voter, grinzet (weinte), wos´s Zeig hielt´, un seht´: »Voter, dr Gottlieb frisst de ganze Haut vun Götzn ´ro!« Do schrier ne ober dr Ale´ a´: »Nu, dummer Gung du – do frass doch aah miet!«

Deckenpyramidenbau in Heimarbeit, Erzgebirge um 1910

Holzweibel, Erzgebirge um 1910

ERZGEBIRGISCHER VOLKSMUND

»VE ALL DIE LIEDLE,
VE ALL DAN GESANG
HOT DOCH DE MOTTERSPROCH
EN SCHÖNNSTEN KLANG!«

ANTON GÜNTHER, 1916

HEFENKLIESS

Mutter, back fei Hefenkließ,
druali, druala,
Schätzl kimmt heit ganz gewiß,
drualiala.

Gieht verbei un kimmt net rei,
werd's wuhl net gewaasen sei.

Hob gewart gahrei, gahraus,
doch dr Schatz kam net rei's Haus.

(Überliefert, Neudorf 1906)

GIEH MER MOL NÜBER

Gieh mer mol nüber,
gieh mer mol nüber,
gieh mer mol nüber zen Schmied seiner Fraa.

Dr Schmied, daar hot e Sau geschlacht,
sei Fraa, die hot de Wurscht gemacht.

Gieh mer mol nüber,
gieh mer mol nüber,
gieh mer mol nüber zen Schmied.

(Überliefert, Jöhstadt um 1890)

AARDÄPPELGETZEN

Aardäppelgetzen, Raacher Maad,
griene Kließ – aah e Fraahd! -
gibt´s bei uns is ganze Gahr,
sei de Aardäpp net ze rar!

Kimmt e Ma ne Bargel ra,
hot gewichste Stiefeln a,
bäckt mei Mutter Hefenkließ,
kimmt dr Rupprich ganz gewiß!

(überliefert, westliches Erzgebirge um 1900)

SCHWEINEBROTEN

Kloppe, kloppe Pfeifel,
Maadel gieht ins Teichel.
Laaft se nort dos Bargel na,
hot se schwarze Filzschuh a.
Is mei Pfeifel gut geroten,
ass´mer morgn enn Schweinebroten.

Weber- und Spinnerei, Erzgebirge um 1910

HEILINGOHMND

Dr Sauerkraut- un Weihraachduft
dorchzieht es ganze Haus,
dis is de rachte Weihnachtsluft
ben Heiling-Ohmnd-Schmaus.
Dos Neinerlaa hot su geschmeckt,
ka Rast in Schüsseln stieht,
eh nu doe Tisch ward ohgedeckt,
singe mer e Weihnachtslied.

(überliefert, westliches Erzgebirge um 1920)

* * *

Sterbt mei Fraa, namm iech mir ne annre,
namm iech mir de Bäckersus,
bäckt mer aah enn Hefekluß,
bäckt se gar Rosining nei,
muß ich aah zefrieden sei.

(Überliefert, Annaberg 1909)

Gibt mer dr Fuchslieb sei Tochter net,
mog ´r se behalten zer Schau,
mog se eisalzen statt Pökelflasch,
braucht´r in Winter kaa Sau.

(Überliefert, Arnsfeld 1901)

ARDÄPPELSUPP

Ardäppelsupp in dr Früh,
Ardeppeln zen Mittig in dr Brieh,
Ardäppln am Obnd in dr Schal
macht den Tog dreimol!

ARZGEBIRGSCHE GUTGUSCHN-VARSCHLN

Gutguschn-Hunger, Gutguschn-Dorscht
Kuttlflack un Zwiebelworscht,
Wilde Sau un Enzian-Hirsch,
alles schön auf arzgebirgsch.

Stiehwurzl-Supp vu Annabarg,
Schöpsnflaasch vu Schwarznbarg
un Wilde-Sau besoffen
hat mer in Mauscherbarg getroffen.

Schachterfusel, Knoblichschnaps,
Scharfes Reh un Schneebarg-Fratz,
Hirsch in Hachebuttnbrie,
Arzgebirg, wie bist de schie.

(Leserzuschrift von Dr. Rolf Prätorius aus Berlin zur »Gutgusch«,
dem ersten Kochbuch des Erzgebirges von Gotthard B. Schicker, 1991)

Holzarbeiter, Erzgebirge um 1920

Steinpilz oder Herrenpilz

BEGRIFFE VOM ESSEN UND TRINKEN

IN ERZGEBIRGISCHER MUNDART
(WESTERZGEBIRGISCH)

A

Abend	Ohmd	večer
Abendessen	Ohmdassn	večeře
Assn	Essen	jídlo
abgeleckt	ogelackt	olízaný
abgeschnitten	ogeschnietn	ukrojený
abgetaut	ogetaat	rozmrazený
abkühlen	ohkiehln	ochladit
abschneiden	oschneidn	ukrojit
abtrocknen	otraing	osušit
abwaschen	oflahe	umýt
abwiegen	owieng	odvážit
Alkoholfläschchen	Schofsäckl	lahvička s alkoholem
(Ränftl vom Brot) Anschnitt	Aschnittl	patka chleba nebo koláče
(Alkohol trinken) anzwitschern	azwitschrn	přiopít se lehce alkoholem
aufessen	nazammschruten	dojíst
ausspülen	ausspieln	vypláchnout
ausstreichen	ausschtreing	vymazat, rozetřít
auswiegen	auswiegn	zvážit

B

Bauch	Ranzn	břicho
Bäuche	Baich	břicha
Bäuerin	Bairin	selka
Baumkuchen	Baamkuhng	koláč připomínající strukturu stromu
bearbeiten (Teig)	bearbeten (Taag)	zpracovat (těsto)
begießen	nachschietn	polít
beheizen	behaazn	vytápět, ohřát
betrunken	benaabelt	opilý
betrinken	betudeln	opít
besuchen gehen	hutzn giehe	jít na návštěvu
bezahlen	bezohln	zaplatit
Birkenpilz	Rutkapp	kozák březový
Birnbaum	Beernbaam	hrušeň
Blech	Blach	plech
Böhmen	Bähme/Beehme	Čechy

böhmisch	beehmisch	český
braten	bruzln	péct
Bratäpfel	Brotäppeln	pečená jablka
Bratkartoffeln	Eigeschnietne	opékané brambory
Bratwurst	Brotworscht	bílá klobása
Brötchen	Brodle	housky
Brotkante	Ranftl	kůrka chleba
Brotschnitte	Bemm/Fiez	krajíc chleba
Brühe/Soße	Brieh	vývar
Bückling/Hering	Bittlich, Haarich	uzenáč/slaneček

D

Dampf	Damp	pára
dampfen	dampn	pařit/vařit v páře

E

Ebereschenbaum	Vuglbeerbaam	jeřáb obecný, jeřáb ptačí
Eimer	Aamer	kbelík
einfeuern/heizen	neikachln/haazn	zatopit/topit
eingeweicht	eigewaacht	namočený
einreiben	eireibn	vetřít, potřít
Eisbein	Saubaa/Saubee	vepřové kolínko
erbrechen	schpeie	zvracet
Erbsen	Aarbissen/Arbsen	hrách
Erdbeeren	Aardbeern	jahody
Essen	Assen	jídlo
essen wir	ass mer	jezme
Lebensmittel	Asserei/Futterasche	potraviny

— F —

Fleisch (groß)	Fatzn Flaasch	velký kus masa
Feldsalat	Rawinzeln (Rapunzeln)	polní salát
Fussel/Faser	Zudl/Zudlsupp	cucek
Feinschmecker	Gutgusch	labužník
Flecke	Kuttlflack	dršťka
Fichten	Gefichtlich/Gefichtl	smrky
Fichtennadeln	Dangeln	smrkové jehlice
Forellen	Fohrn	pstruh

— G —

Geizhals	Lausknicker	lakomec, držgrešle
Geizkragen	Drackfrasser	lakomec, držgrešle
geröstetes Brot	Be(ä)-Bemm	opečený chléb
gekauft	gekaaft	koupený
gestreut	gestrait	sypaný
Getreide	Getraad	obilí
gewogen	gewung	zvážený
Gläschen Schnaps	Stamperle	sklenka kořalky
Grasmäher/Heu	Großhaaner/Hei	sekáč trávy/seno
Graupen	Graiple	kroupy
Gurgel	Gorgl	krk, hrdlo

— H —

Hagebutten	Habuttn	šípky
Hammel	Schöpsen	skopec
Hackfleischklöße	Gewiegtkließln	kuličky z mletého masa
Handelsmann	Hannelsmaa	obchodník
Hase	Hos	zajíc
Hefekuchen	Getzn	koláč z drožďového těsta
Heu	Hei	seno
Herd	Haard	sporák, kuchyňská kamna
Hering	Haarich	slaneček
Himbeeren	Hiehbeer	maliny
Hirsch	Hersch	jelen
Honig	Hunig	med
Hunger	Honger/Knast	hlad

I / J

Innereien	Innegewad (Eingeweide)	vnitřnosti
Jagd	Gaachd	lov, hon
jagen	geschen	lovit
Jäger	Gaacher	lovec, myslivec

K

Kakao	Kakau	kakao
Kartoffelpuffer	Fratzn/Klitscher	bramboráky
Kartoffelroder	Ardeppelraustuer	vyorávač brambor
Kartoffelstückchen	Spalkn	kousky brambor
Kleine Brotstücke in Flüssigkeit	Eibrock	Chléb kusů v kapalině
Käse	Kaas	sýr
Käse (weich)	Aberthamer	měkký sýr (historický sýr z Abertam)
Kochkäse	Schiebböcker	roztíratelný sýr
Knoblauch	Knoblich	česnek
Keller	Kaller	sklep
Kälbchen	Möthschl	telátko
Klöße	Kließ	knedlíky z brambor moučného těsta
Körbchen	Kärbl	košíček
Kräuter	Kraiter	bylinky
Kuh	Muhtsch	kráva

L

Laden	Lodn	obchod
Lädchen	Laadl	obchůdek
Leinöl	Leieel	lněný olej
Leber	Laaber	játra
Lohn	Luh	mzda

M

Mädchen	Maadl/Mahd/Maad	děvče
(Kartoffelspeise) Mädchen, raucht	Raacher Maad	kouřící dívka (bramborový pokrm)
Magen	Mogn	žaludek
Majoran	Meira	majoránka
Mehl	Maahl	mouka
melken	malkn	dojit
Milch	Millich	mléko
Mittag	Mittig	poledne
Mund	Gusch	ústa

N

Nase	Noos	nos
Napfkuchen	Bäbe	bábovka
nehmen	namme	vzít, brát
(Heiligabend-Essen) Neunerlei	Neinerlaa	pokrm devíti chutí
Neujahr	Neigahr	Nový rok

O

Ofen	Ufn	kamna, trouba
Obstler	Verquetschter	ovocný destilát
Ofenbank	Ufnbank	lavice u kamen
Ostern	Ustern	Velikonoce

P

Perlpilz	Husen	muchomůrka růžovka (masák)
Pfeffer	Pfaffer	pepř
pflücken	pflockn	česat ovoce, trhat
Pilze	Schwamme	houby
Pilzsuppe/-soße	Schwammebrieh	houbová polévka/omáčka

R

Räucherofen	Raacherufn	udírna
räuchern	raachern	udit
Rechnung	Rachning	účet
reinigen	raamachn	čistit, uklízet
Rosinen	Rosining	rozinky

S

Sack	Sook	pytel
satt werden	soot kriegn	zasytit se
satt/genug	soot	sytý, dost
säuft	sefft	chlastá
Scheibe Brot	Fietz/Bemm	plátek chleba
Schere	Schaar	nůžky
schlachten	keppenieren	porážet
Schmalz	Schmaar (von: Schmeer)	sádlo, tuk
schmeckt	schmook	chutná
Schnittlauch	Friesrich	pažitka
schöpfen	scheppn	nabírat, čerpat
Schornstein	Feiereß	komín
Schubkarren	Schiebock	trakař
Schweinsroulade	Sauwickel	vepřová roláda
Semmelbrot	Sammlbrut	světlý chléb
Semmeln/Brötchen	Sammln/Brutln	housky
Speck	Spack	špek
Speckschnitte	Spackfettbemm	krajíc chleba se špekem
Stallhase/Kaninchen	Kuhhos/Karnickl	králík
Steinpilz	Staapilz	hřib
Streichhölzer	Schwaaflhölzle	sirky
Stückchen	Stikl	kousek

T

Tablett	Hietrogbraatl	tác
Tasse	Tippl	šálek
Tauben	Taum	holubi
taumeln	törmlig	potácet se, vrávorat
Teig	Taag	těsto
Toastschnitte	Beehbemm	plátek toastového chleba
Topfklöße	Toppkließ	kulaté knedlíky z brambor z moučného
trocken	draich	suchý
Tropfen	Troppn	kapka

V

Vielfraß	Scheidrascher	velký jedlík
verwöhnt	kaabisch	rozmazlený
Vogelbeere	Vuchlbeer	jeřáb ptačí

W

Waage	Woog	váha
Weihnachstabend	Heilger Ohmd	Štědrý večer
Weihnachsfest	Bornkinnl	svátek vánoční
Weißdorn	Mahlfassl	hloh
Weißkraut	Kappus/Haadl/Haibl	bílé zelí
Wildbret	Wilpert	zvěřina
wurmig	wormig	červivý
Wurst	Wurscht	uzenina
Würstchen	Wärschtl	párky

Z

Zeche	Zach	cech
Zitrone	Zitru	citrón
Zunge	Zong	jazyk

Die Eberesche – im Erzgebirgischen »Vugelbeerbaam«

Erzgebirgsmuseum, Annaberg-Buchholz

LITERATURVERZEICHNIS

Allgemeines Haushaltungslexikon, verlegt bei Michael Blochberger, mit Königlich-Polnischen Churfürstlichen Sächsischen Allergnädigsten Privilegio, Leipzig 1751

Arzgebirgischer Suppntopp, Erzgebirgs-Verlag Häckel, Oberwiesenthal 2009

Apoteken Tax der Stadt Annaberg - vollendet den 17. Juli 1563

Baumann, J. F.: Der Dresdner Koch, Dresden 1844

Barthel, Friedrich/Blechschmied, Manfred: Stimmen der Heimat - Dichtungen in erzgebirgischer und vogtländischer Mundart, Hofmeister Verlag Leipzig 1965

Blechschmidt, Manfred: Dr Vugelbeerbaam, Alte und neue Lieder in erzgebirgischer Mundart, VEB Hofmeister Musikverlag, Leipzig 1970

Blechschmidt, Manfred: Behüt eich fei dos Licht, VEB Friedrich Hofmeister, Leipzig 1986

Břízová, Joza/Klimentová, Maryna: Tschechische Küche, Verlag Práce, Praha 1982

Camerarius, Joachim: Hortus medicus, Frankfurt a.Main 1588, deutsch 1590

Dahms, Frank: Lieder einer Stadt - Streifzüge durch die Geschichte des oberen Erzgebirges, Extra-Heft 6, Annaberg-Buchholz, 2000

Davidis, Henriette: Praktisches Kochbuch für die gewöhnliche und feinere Küche, Verlag von Velhagen & Klasing, Bielefeld und Leipzig 1884

Der Heinzelkoch: Rezeptsammlung von 1938-1942, Hanemann-Verlag Dresden

Dohms, Christa: Rezeptsammlung des Erzgbeirgsvereins Satzung, 2006

Eis, Gerhard: Die Groß-Schützener Gesundheitslehre, Brünn 1943

Egerin, Susanna: Leipziger Kochbuch, Verlag Jacob Schuster, Leipzig 1745

Ehlert, Trude: Kochbuch des Mittelalters, Pamos-Verlag Düsseldorf 2000

Ehlert, Trude: Manuskript zu Interdisziplinäres Symposium zum Thema »Essen und
Trinken im Mittelalter und der Renaissance«, Justus-Liebig-Universität Gießen, 1978

Engelmann/Holle: Neues einfaches Kochbuch für bürgerliche Haushalte
und bürgerliche Küchenzettel des Mittelstandes (aus dem Gebrauch von Clara Schumann –
Hochzeitsgeschenk von Robert Schumann an seine Frau), Zwickau 1806

Emmler, Ernst: Iech un mei Haamit – Ein erzgebirgisches Heimatbuch,
Nicolai Verlag Berlin 1941

Entner, Heinz: Paul Flemming – Ein deutscher Dichter aus Hartenstein, Reclam, Leipzig 1989

Erzgebirgische Heimatblätter, Kulturbund Landesverband Sachsen e.V., Olbernhau/
Marienberg: 2/1979; 2/6/1987; 2/1991; 3/1993; 5/1994; 5/1995; 4/2008; 2/2010

Erzgebirgsverein Klösterle: Führer durch das mittlere Erzgebirge – Rund um den
Kupferhübel, Albert Ritschel Schmiedeberg, 1913, Ertzdorff, Xenia von/Britsch, Irmgard/

Fahrenkamp, Hans J.: Wie man eyn teutsches Mannsbild bey
Kräfften hält – Küchengeheimnisse des Mittelalters wiederentdeckt,
Kochbuchverlag Heimeran, München 1977

Frankenau, Frank von: Flora Francicia aucta,
(deutsche Auflage/Manuskript 1753, Erzgebirgsmuseum Annaberg)

Foster, Norman: Schlemmen hinter Klostermauern –
Unbekannte Quellen europäischer Kochkunst, Hamburg 1980

General-Consumtions-Accis=Ordnung seiner königlichen
Majestät und churfürstlichen Durchlaucht,
Dresden Anno 1707 und 1791

Gräse, Johann Georg Theodor: Der Sagenschatz des Königreiches Sachsen, Dresden 1874

Gräse, Johann Georg Theodor: Bierstudien, Zahns Verlag, Dresden 1872

Grieben Reiseführer: Karlsbad und Umgebung, Albert Goldschmidt Verlag, Berlin 1901

Heilfurth, Gerhard: Anton Günther, Gesamtausgabe der Liedtexte, Gedichte,
Sprüche und Erzählungen, Schwarzenberg 1937

Heß, Gisela: Handschriftliches Rezeptbüchlein, Annaberg um 1935

Heyne, Moriz: Das deutsche Nahrungswesen von den ältesten geschichtlichen Zeiten
bis zum 16. Jahrhundert, Leipzig 1901

Hortus Annaemontanus nach der Chronik des Paulus Jenisius (1604), Annaberg, 1938 (II. Teil)

Imbach, Josef: Geheimnisse der kirchlichen Küchengeschichte,
Patmos Verlag, Düsseldorf 2002

Jenisius, Paul: Fünf Briefe an Joachim Camerarius, Nürnberg
1586-1592, Uni-Sammlung Erlangen

Jenisius, Paul: Chronicon Annaebergense continuatum, 1604,
deutsch: Georgium Arnoldum, Annaberg 1604

Köhler, Friedrich: Vom silbernen Erzgebirge / Kreis Annaberg
(Band I), Glückauf-Verlag Schwarzenberg 1938

Köhler, Johanna: Handschriftliches Rezeptbuch, Pobershau um 1920

Köhler, Johann August Ernst: Sagenbuch des Erzgebirges,
Schneeberg und Schwarzenberg 1886

Kötzschke, Rudolf: Ländliche Siedlungen und Agrarwesen
in Sachsen, Remagen/a. Rhein, 1953

Knauth, Monika und Reiner: Reinhold Illing - Erzgebirgsdichter und Liederkomponist
(Heft 1-3), Ehrenfriedersdorf 2010

Kucriaffsky, Eufemia von: Die historische Küche, Hartlebens Verlag, Wien, Pest, Leipzig 1880

Kuczynski, Jürgen: Geschichte des Alltages des deutschen Volkes (4 Bände Studien),
Akademie-Verlag Berlin, 1980

Karell, Vaclaw: Volksbrauch und Volksglaube, Komotau 1933

Klimentová, Maryna/Břízová, Joza: Tschechische Küche, Verlag Práce, Praha 1982

Lämmel, R.: Kulinarische Audienz am sächsischen Hof, Berlin 1991

Längin, Bernd G.: Unvergessene Heimat Sudentenland, Weltbild Verlag Augsburg 1994

Lindner, Reinhold: Böhmen, Chemnitzer Verlag 2003

Lehmann, E.A.: Großes Kochbuch, Dresden 1846

Lehmann, Christian: Historischer Schauplatz derer natürlichen Merckwürdigkeiten
in dem Meißnischen Ober-Erzgebürge, Friedrich Lanckischens sel. Erben 1699

Müller-Fraureuth, K.: Wörterbuch der obersächsischen
und erzgebirgischen Mundart, Dresden 1914

Müller-Lubitz, Anna: Alte Hof- und Klosterküche, Jaegersche Verlagsbuchhandlung, 1900

Müller/Brauer: Gscheitgut – Franken isst besser, Michael Müller Verlag 2011

Nachtigall, Walter: Der böse Advokat – Volkssagen aus dem
Sächsischen, Verlag Wirtschaft, Berlin, 1986

Neubert, Wolf: Die k.u.k. Böhmische & Ungarische
Küche, Ueberreuter-Ahorn Verlag, Wien 1994

Otto, Bernhard: Dreihundertjähriges deutsches Klosterkochbuch,
Henning'sche Buchhandlung, Leipzig 1856

Paulus Jenisch (Paulum Jenisium): Chronicon Annaebergense
Continatum, 1604 (Annaberg, Hasper, 1812)

Pollmer, Manfred/Rösel Konrad: Dr Himml is e Lichterbugn,
Evangelische Verlagsanstalt, Berlin 1990
Prato, Katharina (Edle von Schweiger): Die Süddeutsche Küche,
Verlagsbuchhandlung Styria, Graz und Wien 1921

Rath der Stadt Annaberg: Historische Beschreibung der
Jubelfeier welche in der Stadt St. Annaberg...
am 21. September 1496 begangen ward, gedruckt bey
Friedrich Wilhelm Hasper, Annaberg 1796

Rettigová, Magdaléna Dobromilla: Hausköchin, Prag 1826

Rund um den Kupferhübel – Führer durch das mittlere Erzgebirge, Verlag
Erzgebirgsvereine Klösterle, Kupferberg, Preßnitz, Pürstein, Schmiedeberg,
Weipert, Böhm. Wiesental, Sonnenberg und Sebastiansberg 1913

Reitmajer, Valentin: Deutsch-Böhmisches Kochbuch, Reimo-Verlag, Oberding 1997

Rumohr, Kral Friedrich von: Geist der Kochkunst, Georg Müller Verlag, München 1822

Rumpolt, Marx: Ein new Kochbuch, Mainz 1581

Rontzier, Frantz de: Kunstbuch von mancherley Essen
(1598), Faksimile Leipzig/München 1979

Röhner, Regina: Eine Kurfürstin in der Küche – Anna von Sachsen
und ihre Rezepte, Verlag f. d. Frau, Leipzig 2012

Saul, Harald: Unvergessliche Küche des Sudentenlandes, Bassermann Verlag, München 2004

Sächsische Heimat, Bundeslandsmannschaft Sachsen e.V. Stuttgart/Bonn/
Hamburg: 6/1976; 7/8/9/1977; 12/1981; 11/12/1982; 5/1984; 6/12/1985

Schandri, Marie: Regensburger Kochbuch, Verlag Alfred Coppenrath, Regensburg 1927

Seebauer, L.: Neues Dresdner Bürgerliches Kochbuch, Dresden 1882

Schicker, Gotthard B.: Gutgusch – Das erste Kochbuch aus dem Erzgebirge,
Verlag Erzgebirgs-Rundschau Annaberg-Buchholz 1991

Schicker, Gotthard B.: De Kreiterfraa – Sagenhafte erzgebirgische Hausapotheke,
Verlag Erzgebirgs-Rundschau Annaberg-Buchholz 1996

Bierkrüge, Erzgebirge 1862 und ca. 1840

Schicker, Magdalena: Handschriftliches Rezeptbuch, Annaberg/Komotau um 1930

Spreckel, Harms zum: Beiträge zur Geschichte der Annaberger Löwenapotheke,
M. Muschterschen Buchdruckerei, Annaberg 1930

Spieß, Moritz.: Aberglauben, Sitten und Gebräuche des
sächsischen Obererzgebirges, Dresden 1862

Schwalbe, Otto: Loßt eich derzehln, Heitere Geschichten
aus dem Erzgebirge, Unionverlag Berlin, 1954

Saul, Harald: Familienrezepte aus dem Sudetenland, Verlag für die Frau, Leipzig 2004

Schäfer, Dagmar: Clara Schumann lädt zum Diner, Husum-Verlag, 2010

Schandri, Marie: Regensburger Kochbuch, Verlag von Alfred Coppenrath 1927 (1890)

Taschenbuch für Haushaltungs- und Frauenberufsschulen
(Ausgabe Buchholz), Verlag Spohr Dresden 1935

Universal-Lexikon der Kochkunst, Verlagsbuchhandlung von J.J. Weber, Leipzig 1893

Werner, Dietmar: Bergmannssagen aus dem sächsischen Erzgebirge,
VEB Verlag für Grundstoffindustrie Leipzig, 1985

Walther, Klaus: Böhmische Spaziergänge, Brockhaus Verlag, Leipzig 1978

Wenzel, Max: Wos der Wenzel-Max derzehlt, VEB Friedrich Hofmeister Leipzig, 1965

Werner, Dietmar: Bergmannssagen aus dem sächsischem Erzgebirge,
Deutscher Verlag für Grundstoffindustrie, Leipzig 1985

Wecker, Anna: Ein Köstlich New Kochbuch, Amberg 1598

Zak, Joséf: Das Buch vom Bier, Artia-Verlag, Prag 1965

Zinke: Allgemeines Oeconomisches Lexicon, Leipzig 1753

AUTOR

Prof. Gotthard B. Schicker

geboren 1946 in Annaberg; Konditor, Opernsänger in Gera, Leipzig, Berlin,
Dipl.-Kultur- und Theaterwissenschaftler, Hochschul-Dozent für Kommunikations-
und Medienwissenschaften, längere Auslandsaufenthalte, Verleger in Wien und Budapest,
Chefredakteur, Autor zahlreicher Publikationen u.a. von »Gutguschn - Das erste
Kochbuch des Erzgebirges«, »De Kreiterfraa - Sagenhafte erzgebirgische Hausapotheke«,
»Dicknischl - Erzgebirgsleute von damals und heute«, lebt in Annaberg-Buchholz

GESTALTER

Marcel Drechsler

geboren 1982 in Annaberg-Buchholz, Grafik, Gestaltung und Fotografie
lebt in Annaberg und arbeitet in Bärenstein

BILDNACHWEISE

IMPRESSUM

Berg- und Adam-Ries-Stadt
ANNABERG-BUCHHOLZ

Herausgeber	Große Kreisstadt Annaberg-Buchholz
Redaktion	Gotthard B. Schicker
Lektorat	Eveline Schicker - Figura
Fotos	siehe Bildnachweise
Titelmotiv	Gestaltung: Marcel Drechsler
	Oma mit Enkelin: Hanna Herzig und Zoe Kache
Layout, Satz und Bildbearbeitung	Marcel Drechsler
Druck	Druck- und Verlagsgesellschaft Marienberg mbH, Erscheinungsjahr 2015, dritte Auflage

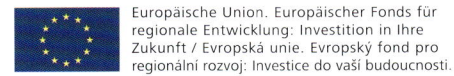

Europäische Union. Europäischer Fonds für regionale Entwicklung: Investition in Ihre Zukunft / Evropská unie. Evropský fond pro regionální rozvoj: Investice do vaší budoucnosti.

Ziel 3 | Cíl 3
Ahoj sousede: Hallo Nachbar.
2007–2013 www.ziel3-cil3.eu

Blick in das sächsische Erzgebirge

Winterlicher Keilberg (Klínovec)

Im Pöhlatal zwischen Kühberg und Brettmühle